Étude sur les *Canidæ* des temps pré-pharaoniques en Égypte et au Soudan

Jean-Olivier Gransard-Desmond

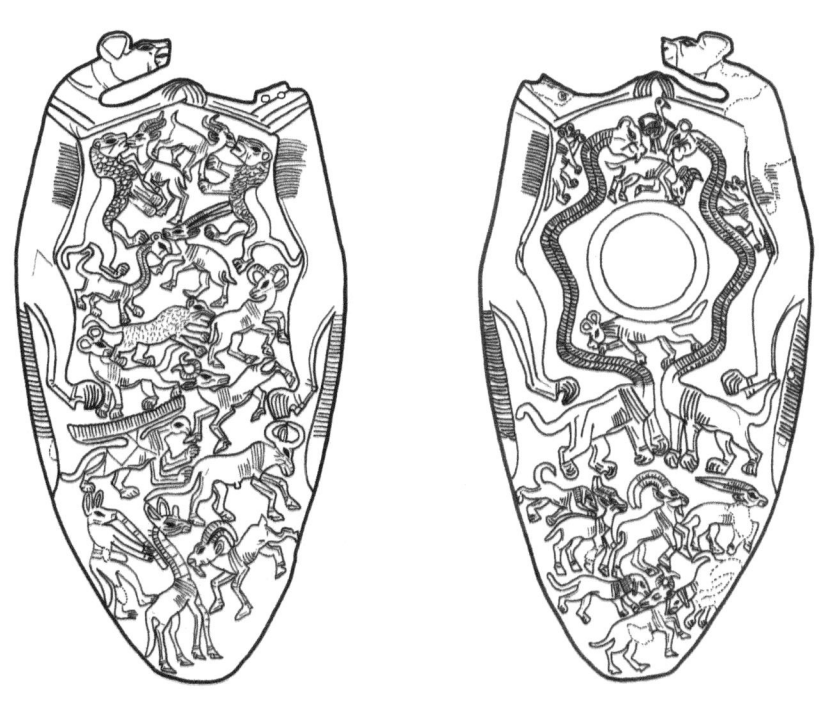

BAR International Series 1260
2004

Published in 2016 by
BAR Publishing, Oxford

BAR International Series 1260

Étude sur les Canidæ *des temps pré-pharaoniques en Égypte et au Soudan*

ISBN 978 1 84171 618 3

© J-O Gransard-Desmond and the Publisher 2004

COVER IMAGE *Palette de Hiérakonpolis (32) sur le verso de laquelle un humain revêtu d'une dépouille de renard joue de la flûte (Naqada IIIb, Ashmolean Museum). Copyright des dessins Ch. Esnault, 2004*

The author's moral rights under the 1988 UK Copyright,
Designs and Patents Act are hereby expressly asserted.

All rights reserved. No part of this work may be copied, reproduced, stored,
sold, distributed, scanned, saved in any form of digital format or transmitted
in any form digitally, without the written permission of the Publisher.

BAR Publishing is the trading name of British Archaeological Reports (Oxford) Ltd.
British Archaeological Reports was first incorporated in 1974 to publish the BAR
Series, International and British. In 1992 Hadrian Books Ltd became part of the BAR
group. This volume was originally published by Archaeopress in conjunction with
British Archaeological Reports (Oxford) Ltd / Hadrian Books Ltd, the Series principal
publisher, in 2004. This present volume is published by BAR Publishing, 2016.

Printed in England

BAR titles are available from:

          BAR Publishing
          122 Banbury Rd, Oxford, OX2 7BP, UK
EMAIL   info@barpublishing.com
PHONE +44 (0)1865 310431
FAX   +44 (0)1865 316916
          www.barpublishing.com

« Parler de domestication du chien est incorrect : le chien *est* domestique »
Lignereux Y. et Carrère I., 1994, p. 1.

En remerciements à ma famille et à
J. Berlandini-Keller, I. Carrère,
W. Desmond, Ch. Esnault,
F. Jourdan, D. Meeks et D. Morris
pour leur aide et leur soutien.

Je remercie également L. Watrin d'avoir
accepté de caler chronologiquement
l'ensemble du matériel présenté dans
cette étude.

TABLE DES MATIÈRES

Table des matières	ii
Introduction	iv
Chapitre I : Une famille connue, et pourtant	1
I.1. Présentation de la famille *Canidae*	1
I.1.1. *Comment les animaux sont-ils classés ?*	1
I.1.2. *Qui en fait partie ?*	2
I.1.2.1. *Les trois types de chien (lévrier, mastiff, « pariah »)*	3
I.1.2.2. *Le chacal commun ou doré (Canis aureus)*	5
I.1.2.3. *Le renard fauve (Vulpes vulpes)*	5
I.1.2.4. *Le renard du désert (Vulpes rueppelli)*	5
I.1.2.5. *Le fennec (Vulpes zerda)*	5
I.1.2.6. *Le lycaon (Lycaon pictus)*	6
I.1.3. *Les hyénidés*	6
I.1.3.1. *La hyène rayée (Hyaena hyaena)*	6
I.1.3.2. *La hyène tachetée (Crocuta crocuta)*	7
I.1.4. *Un loup pour un chacal*	7
I.2. Le chien : enfant de l'homme	8
I.2.1. *L'origine du chien*	8
I.2.1.1. *La domestication du loup*	8
I.2.1.2. *L'hybridation*	9
I.2.1.3. *Le « chien sauvage » ou marron*	9
I.2.2. *La domestication*	10
I.2.2.1. *Les changements caractéristiques liés à la domestication*	11
I.2.2.2. *L'homme et le chien*	12
I.2.2.2.1. Pourquoi le loup ?	12
I.2.2.2.2. L'utilisation du chien	13
Chapitre II : L'origine du chien en Égypte	16
II.1. Son origine	16
II.2. Le chien pluriel	19
II.2.1. *Quand a-t-on affaire au chien ?*	19
II.2.2. *De la confusion des familles*	20
II.2.3. *Que de chiens !*	22

	II.2.3.1. *Type lévrier ou basenji ?*	22
	II.2.3.2. *Le type « pariah »*	24
	II.2.3.3. *Le type mastiff*	25
	II.2.3.4. *D'autres types ?*	26

II.3. **Sa place auprès de l'homme** 26
    II.3.1. *La nature de l'enfouissement* 27
    II.3.2. *Consommation ou non ?* 27
    II.3.3. *Où le chien gît pour son compte* 28
    II.3.4. *Où le chien est l'homme* 30
        II.3.4.1. *L'aspect actif* 31
            II.3.4.1.1. Chasse ou activité pastorale ? 31
            II.3.4.1.2. Confrontation avec l'extérieur 33
            II.3.4.1.3. Au sujet du sacrifice 35
            II.3.4.1.4. Politique et religion 36
        II.3.4.2. *L'aspect passif* 38

Chapitre III : Chiens & Co de l'Égypte antique 40
III.1. **À vos postes** 40
    III.1.1. *Où les absents ont raison* 40
    III.1.2. *Présent !* 43
III.2. **Chacun sa place** 46
    III.2.1. *Ostéologie et iconographie chez les canidés sauvages* 46
    III.2.2. *De l'utilisation du canidé sauvage* 47
        III.2.2.1. *Le sauvage comme force protectrice* 48
        III.2.2.2. *Entre deux mondes* 48
            III.2.2.2.1. La fusion 48
            III.2.2.2.2. La frontière 51

Chapitre IV : De la préhistoire à l'histoire 56
IV.1. **Canidae et divin** 56
    IV.1.1. *Des divinités* 56
        IV.1.1.1. *Seth* 56
        IV.1.1.2. *Oupouaout* 57
        IV.1.1.3. *Khentamentiou* 58
    IV.1.2. *Où le genre n'est pas si certain* 59
IV.2. **L'homme et son environnement** 62

Conclusion 64

Chronologie 67
Glossaire 68
Table des illustrations 70
Catalogue des objets et des vestiges osseux 73
Bibliographie et abréviations 78
Index 86

INTRODUCTION

Anubis, le dieu chacal adoré à Lycopolis, Oupouaout, le dieu chien adoré à Cynopolis, qui n'a jamais lu ces assertions maintes et maintes fois répétées ? Certes, il ne s'agit que de la simplification d'une réalité plus complexe donnée par des ouvrages de vulgarisation. Pourtant, même à l'intérieur de la littérature spécialisée, identifications et interprétations ne sont pas concordantes d'un chercheur à l'autre. Ces simplifications trahissent bien une véritable difficulté à cerner la place de la gent canine, et même de la famille*[1] *Canidae*, dans le monde égyptien. Par la même occasion, ces difficultés sont révélatrices de la difficulté qu'il y a à envisager comment l'égyptien appréhendait son milieu.

À la lumière de la méthode adoptée pour étudier la famille des canidés, on comprend mieux la position dans laquelle se trouve l'égyptologue et les raisons des difficultés qu'il rencontre. Si la philologie* est un outil indispensable à la connaissance de l'Égypte ancienne, l'utiliser seule ouvre la porte aux erreurs et aux confusions que l'on rencontre au sujet des canidés. A fortiori, la nature de la philologie étant d'étudier les textes, donc d'analyser une production purement humaine, il est paradoxal de ne pas avoir, en premier lieu, recours à la zoologie* afin, au moins, de comprendre ce qui a pu pousser l'égyptien à s'intéresser à tel animal plutôt qu'un autre. De plus, un travail sur les canidés nécessite une bonne connaissance des animaux qui composent la famille. De toute évidence, la philologie est la méthode qui a trop souvent prévalu.

Cet état de fait explique pourquoi il est difficile de cerner la véritable identité du canidé désigné dans une publication. En effet, il est par moment impossible de savoir si l'auteur se réfère effectivement à un chien ou à un tout autre canidé — en particulier dans les publications du début du siècle ayant trait à des découvertes ostéologiques. F. Daumas nous donne un exemple du problème en parlant de « chien domestique », alors que le chien est par essence domestique puisqu'il est le produit d'une intervention humaine. En réalité, grâce à la suite du texte, nous comprenons que F. Daumas veut parler du chacal. En effet, il écrit qu'Anubis a une « tête de chien sauvage[2] » et fait suivre sa description de l'appellation latine *Canis lupaster*. Ce nom est l'appellation savante du chacal ; on trouve plus fréquemment *Canis aureus* aujourd'hui. F. Daumas a donc confondu le mot *chien*, dont le nom savant est *Canis familiaris*, avec le mot *chacal*, alors qu'il s'agit de deux espèces* différentes et que la première est domestique mais pas la seconde. Ce genre de confusion, et celle qui existe entre sauvage et domestique, n'est pas propre à l'époque de F. Daumas puisque, plus récemment, nous la relevons dans un travail mené par J. Leclant et P. Huard. Ces derniers parlent de « chiens, qui à l'état sauvage, sont des rabatteurs en bandes[3] » alors que, encore une fois, le chien ne peut être qualifié de sauvage. Malgré cela, tout au long de leur ouvrage, nous retrouverons l'association des mots *chien* et *sauvage* ce qui implique qu'il y a confusion entre deux principes fort différents : le domestique et le sauvage. Parfois, c'est l'ensemble de la famille *Canidae* que le mot *chien* sert à

---

[1] Les astérisques (*) signalent à chaque chapitre la première apparition d'un mot défini dans le glossaire se trouvant en fin d'ouvrage. Les numéros entre parenthèses du type (12) renvoient aux numéros des objets du catalogue qui se trouve à la fin du livre.

[2] Daumas F., 1965, p. 70.
[3] Leclant J. et Huard P., 1980, p. 275.

INTRODUCTION

résumer. L'exemple caractéristique de cette autre sorte de confusion est celui donné par J. Baines qui rassemble sous l'appellation *dogs* : « *dog, wild dog, jackal and hyena*[4] ». Non seulement il mélange domestique et sauvage en désignant comme *chien* le lycaon et le chacal mais en plus, il mêle l'espèce hyène à la famille des canidés alors qu'elle appartient à la famille des hyénidés.

À la lueur de ce qui précède, force est de constater que l'égyptologie est prisonnière, par l'abondance des textes rendue possible grâce à un climat propice à leur conservation, de la culture textuelle occidentale. L'archéologie* et l'archéozoologie* sont des domaines encore jeunes qui, malgré les apparences, ont du mal à s'imposer. Malgré les travaux de W. M. Fl. Petrie, L. Keimer, J. Bœssneck, M. Hoffman, B. Adams et bien d'autres, la part belle est donnée aux textes plus qu'aux autres domaines qui restent un support d'images plus que des sciences reconnues en tant que telles[5].

Pourtant, erreurs et confusions sur notre sujet démontrent l'obligation de fonder son raisonnement sur les données zoologiques au risque de passer à côté d'informations capitales. En effet, comprendre comment l'homme appréhende son environnement ne peut se réaliser sans en premier lieu connaître l'environnement lui-même. C'est la connaissance de l'objet naturel qui permet d'établir les distances entretenues ou non avec la représentation, puis plus tard, les textes, transcription humaine d'une réalité observée de première ou seconde main. L'allusion porte sur la différence entre une réalité observée localement (première main) et une réalité importée par des artistes étrangers ou dans d'autres conditions extérieures au lieu de production de l'œuvre (seconde main). Une fois la représentation établie, c'est elle qui rendra la stylistique et son utilisation efficace ou non, le style étant la représentation historicisée. Ainsi, disposer d'éléments naturels est important pour étayer des hypothèses d'ordre culturel comme la façon dont les égyptiens appréhendaient leur milieu.

Seule la préhistoire donne écho à ces sciences par la force des choses : les textes n'existaient pas à l'époque. C'est une des raisons pour lesquelles notre travail s'est concentré sur la préhistoire égyptienne. L'autre raison est qu'il paraissait impensable de réaliser une étude sur ce thème sans s'intéresser à la genèse de la civilisation égyptienne. Bien nous en prit car la richesse des informations est telle que le sujet, pour cette période, mérite un ouvrage à lui seul. Nous en profitons pour signaler que les datations données dans cette étude reposent sur les travaux de W. Kaiser, S. Hendrickx et L. Watrin[6].

La zoologie nous servant de point de départ, c'est par ce domaine que nous commencerons. Auparavant, il convient d'indiquer que ce travail se limite à une critique d'ensemble de représentations et de vestiges osseux contenant des animaux appartenant à la famille des canidés. Par ailleurs, il faut insister sur la nature du postulat. Celui-ci est fondé sur le constat que l'animal représenté contient des clefs permettant de le mettre en relation avec un animal réel, y compris dans le cas de représentations d'êtres imaginaires. La licorne n'est-elle pas née du croisement imaginaire du cheval et du narval ? Il est clair, néanmoins, que des portes nous resteront fermées faute des clefs adéquates. Chaque civilisation ayant sa propre culture, un masque pour un occidental ne remplacera jamais une porte close[7].

---

[4] Baines J., 1993, p. 66.
[5] Le meilleur exemple de la réalité de ces propos est fourni pour les sujets de recherches donnés dans les universités et les écoles égyptologiques françaises, tout du moins. Très peu de sujets font l'objet d'une analyse archéologique ou iconographique au moins (cf. la revue *Thot'web* qui fait un recensement des sujets dans l'ensemble des institutions françaises).
[6] Pour plus de précisions, se référer aux notes et au tableau chronologique en fin d'ouvrage.
[7] W. Desmond (traducteur-écrivain) m'a mentionné l'anecdote suivante à ce sujet. Lors d'une fouille sur un site précolombien, une jeune française s'indigna de n'avoir en guise de toilettes qu'une simple fosse. Elle demanda donc à un indigène que des modifications soient apportées. Quand elle revint, elle put constater que le seul changement consistait en la présence d'un masque qui pendait à côté de la fosse.

CHAPITRE I

UNE FAMILLE CONNUE, ET POURTANT

Qui ne connaît pas le chien, le loup, le chacal ou le renard ? Ces animaux nous sont familiers et pourtant, bien souvent, nous ignorons le rapport qui les lie. En effet, si ces espèces* nous sont connues, nous réalisons rarement qu'elles appartiennent, avec d'autres espèces moins connues, à une même famille*, celle des canidés ou plus savamment *Canidae*. Comme on le verra, savoir ce que recouvre la réalité zoologique* d'une famille est essentiel dès qu'une étude de tout ou partie de celle-ci est envisagée. Un animal appartenant à une famille n'appartient pas à une autre. Cette tautologie met en lumière le fait que des animaux de familles différentes n'ont pas d'ancêtres communs et ne sont pas interféconds. Quand on se penche sur l'iconographie*, la remarque prend toute son importance car elle procure des informations dont nous aurons l'occasion de reparler[1].

Avant de développer le cas égyptien, il est nécessaire de présenter les quelques bases de zoologie sur lesquelles se fonde cet ouvrage. Définir ce qui permet de discerner un lycaon d'une hyène ou un renard des autres espèces ne peut se faire sans avoir recours à la zoologie. De même, il est impensable de traiter du chien sans présenter quelques notions sur la domestication et l'archéozoologie*. Faire le point sur ces connaissances est d'autant plus important qu'elles fourniront, par la suite, un support aux analyses archéologiques*, en particulier pour ce qui touche à l'iconographie. Cette démarche linéaire évite un raisonnement circulaire en recourant à différentes sciences afin d'étayer au mieux la réflexion. Il convient donc de présenter d'abord la famille qui va être étudiée.

Présentation de la famille *Canidae*

Pour plus de clarté et afin de ne pas nous éloigner trop du sujet, seules les informations intéressant l'égyptologie seront développées. Après un bref aperçu de l'organisation du règne animal, nécessaire pour comprendre la signification des mots tirés du vocabulaire de la zoologie que nous emploierons dans le reste du livre, nous réaliserons un survol des espèces composant la famille *Canidae* et des animaux régulièrement confondus avec ces dernières. Enfin, nous terminerons sur les nombreuses confusions entraînées par la mauvaise traduction des noms étrangers.

Comment les animaux sont-ils classés ?

Il ne s'agit pas ici de développer les principes de l'organisation animale mais de clarifier cette organisation. Passage obligé pour bien comprendre ce que recouvre chaque unité systématique[2], ces quelques explications dévoileront aussi certaines limites des sciences mises en œuvre. Il faut bien comprendre que plusieurs animaux, même très différents ou semblables en apparence, peuvent appartenir à une même unité systématique genre* mais être d'une unité systématique espèce différente. Ainsi, le coyote (*Canis latrans*) et le chien (*Canis familiaris*) font partie d'un même genre mais d'une espèce différente.

Profitons de l'occasion pour signaler que seules les unités systématiques allant de la famille à l'espèce seront retenues dans le cadre de cet ouvrage. C'est parce que celles-ci sont les seules

---

[1] Cf. chap. II.2.2.

[2] C'est ainsi que se nomment les divisions de la fig. 1.

utiles et sûres à notre niveau de travail que nous nous restreindrons à ces informations. La fig. 1 présente toutes les autres unités dont fait partie notre famille qui sont trop générales pour nous être utiles. D'autres unités sont trop précises pour être sûres, c'est le cas des sous-espèces*. Il ne suffit pas de savoir que des carnivores ont été exhumés pour identifier les vestiges osseux comme appartenant à des canidés. Le lion, l'ours, le chacal sont des carnivores. De plus, une indication aussi vague ne permet pas d'assurer que l'animal est mort dans un contexte anthropique* ou naturel. Avec la détermination du genre, il sera possible de discerner un canin (*Canis*) d'un lycaon (*Lycaon*) ou d'un renard (*Vulpes*). Enfin, avec celle de l'espèce, il sera possible, dans le cas de canin, de savoir s'il s'agit d'un loup (*Canis lupus*) ou d'un chacal (*Canis aureus*) par exemple. Cependant, ni le type*, ni la race*, sans informations complémentaires, ne seront connus. Les critères grâce auxquels il est possible d'identifier la race nécessitent une conservation du corps parfaite[3] voire, dans le cadre de l'iconographie, un intérêt du détail très poussé. Avec toute la réserve qu'il convient de mettre sur le réalisme d'une représentation, il faudrait que celle-ci présente tous les traits caractéristiques de l'animal : taille, silhouette, couleur de la robe, etc.[4], ce qui est trop rare pour que nous puissions en tenir compte. Par ailleurs, les vestiges qui nous parviennent sont souvent limités aux seules parties osseuses. Tous les sites ne permettent pas de mettre en évidence une momie de chienne avec peau et poils conservés comme à Kerma[5] (IIe millénaire av. J.-C.).

En revanche, le type est plus aisément reconnaissable. Comme cela sera montré, un chien ayant une silhouette fine et élancée, une petite queue enroulée, des oreilles dressées, ne peut correspondre, pour l'homme du naqadien, qu'au type lévrier. Des informations plus générales ne sont pas, pour autant, à rejeter. Ainsi, et c'est la raison pour laquelle ont été retenues les unités susmentionnées, il est utile de savoir si le chien est présent sur un site particulier. Cette information peut être éclairante pour l'origine du chien, sujet sur lequel nous reviendrons. De même, lorsqu'il s'agit d'espèces sauvages, il est intéressant de connaître le contexte de leur découverte (déchet, sépulture) ou le cadre dans lequel elles interviennent en iconographie, que cela soit par le support ou l'image seule (activités quotidiennes, religieuses). Auparavant, il convient de savoir ce que regroupe la réalité de la famille des canidés.

Unités systématiques	Exemple	
Règne	Animalia	
sous-règne	Metazoa	
Embranchement	Chordata	
sous-embranchement	Vertebrata	
Classe	Mammalia	
sous-classe	Theria	
infra-classe	Eutheria	
cohorte	Ferungulata	
super-ordre	Rodentia	
Ordre	Carnivora	
sous-ordre		
infra-ordre		
super-famille		
Famille	Canidae	Regroupe le loup, le chien, le lycaon, le chacal, le fennec, le renard, le dhole...
sous-famille		
tribu		
sous-tribu		
Genre	Canis	Regroupe le loup, le chacal et le chien
sous-genre		
Espèce	Canis lupus	Désigne le loup
sous-espèce	Canis lupus pallipes	Désigne le loup indien (Asie du Sud-Ouest)

Fig. 1. Présentation des grandes unités systématiques appliquées au loup indien
(*Canis lupus pallipes*, Asie du Sud-Ouest)

Qui en fait partie ?

Tout d'abord, il est nécessaire de dire quelques mots sur la manière de situer un canidé dans l'ordre des carnivores. Sa localisation dans l'arbre généalogique repose sur les renseignements fournis par sa formule dentaire (tabl. 1). On se sert aussi de ces informations

---
[3] Les vestiges doivent comprendre, en plus du squelette, les parties molles et la peau.
[4] Pour connaître l'ensemble des qualités raciales requises chez le chien, voir Heuillet H., *Tous les chiens, races et standard*, Douladoure, Toulouse, 1934.
[5] Chaix L., 1982, p. 68, fig. 8.

pour identifier les espèces. C'est la variation des dimensions dentaires qui fournit un des critères. Ce moyen est particulièrement utile quand il ne reste que la mâchoire. Toutefois, il n'est pas toujours suffisant. Ainsi, J. Clutton-Brock[6] a voulu, par une étude de la carnassière, mettre en évidence des différences entre loup, chien, chacal et coyote. Peine perdue, rien ne ressemble plus à une carnassière de petit loup qu'une

comme la présentation de toutes les races de chien. Par ailleurs, certaines informations, comme la couleur de la robe, sont sans intérêt car inutilisables. En dehors de la peau de l'individu du Ouadi Qamar (87), il semble qu'aucun autre cas ne soit connu, ce qui est peu pour généraliser. De plus, l'iconographie ne propose pas une information précise à ce sujet[8]. De fait, il n'y a aucune pertinence à mentionner cette donnée.

	Incisives	Canines	Prémolaires	Molaires
Supérieur	3	1	4	2
Inférieur	3	1	4	3

Tabl. 1. Formule dentaire des canidés.

carnassière de grand chien d'autant que, même à l'intérieur d'un taxon* donné, J. Clutton-Brock relève d'importantes variations parmi les individus. Un autre moyen est le nombre de doigts ; nous en reparlerons au sujet de la palette de Hiérakonpolis (32). Les canidés n'ont que quatre doigts aux pattes postérieures et cinq aux antérieures. Seul le chien possède une cinquième griffe, ou ergot, sur la face interne de ses pattes postérieures. Maintenant que nous sommes arrivés à l'unité famille, voyons quelles unités elle regroupe et comment les discerner.

La famille regroupe différents genres. Ces genres sont le *Canis*, le *Vulpes*, le *Lycaon*, l'*Otocyon* et le *Cuon*. Chacun comporte plusieurs espèces. Les espèces sont désignées par le nom du genre en premier puis celui de l'espèce ; comme un nom et un prénom. Suivant les spécialistes, les appellations peuvent changer mais ne modifient en rien l'unité à laquelle appartient l'animal. On pourra donc trouver la désignation *Fennecus zerda*[7] ou *Vulpes zerda* (le plus courant) pour le fennec. Malgré ces différences, ce dernier appartient toujours au genre *Vulpes*.

Pour plus de clarté, nous avons organisé la présentation des espèces sous la forme d'une fiche sommaire décrivant brièvement l'aspect et l'éthologie* de chaque animal. Certains critères ne seront cependant pas utilisés, et ce pour deux raisons. En premier lieu cet ouvrage n'a pas vocation à être un manuel de zoologie canine, en deuxième lieu le sujet est centré sur un pays à une période donnée ce qui interdit des généralités

Dans cette brève présentation, il faut enfin insister sur l'absence de l'otocyon (*Otocyon megalotis*) et du dhole (*Cuon alpinus*) ainsi que du loup et du chien qui seront étudiés ultérieurement. Les espèces varient énormément en fonction du lieu géographique et donc proposent un nombre très divers de formes et de comportements. C'est pourquoi il était impensable d'en brosser un tableau général. Ce qui suit se propose donc de faire le point sur les espèces actuellement connues en Égypte et en Afrique dont les deux premières espèces et le loup sont absents comme durant la préhistoire. Cependant, l'importance du loup en tant qu'ancêtre du chien nous amènera à l'étudier à la différence de l'otocyon et du dhole. Quant au chien, il n'existe pas d'animal représentatif de l'espèce, mais nous présenterons les trois types les plus connus dans les études iconographiques de la préhistoire égyptienne. Il faut garder à l'esprit que si nous pouvons parler d'espèces, nous ne pouvons parler de races car elles ont bien changé depuis ces derniers millénaires[9]. Malgré d'apparentes absences, il s'agit bien d'une étude sur l'ensemble de la famille *Canidae*, mais en Égypte.

Les trois types de chien (lévrier, mastiff, « pariah »)

Le type lévrier comprend deux groupes aisément identifiables aux poils : l'un à poils courts, l'autre à poils longs. Bien des races sont connues

---

[6] Clutton-Brock J., 1969.
[7] Cf. Osborn D. J. et Osbornova J., 1998, p. 74.

[8] Trop peu d'objets comporte l'information couleur pour que nous puissions l'utiliser comme une possible indication des robes des animaux de l'époque.
[9] Les frères Heck tentèrent de reconstituer l'aurochs (expérience débutée en 1921 au jardin zoologique de Hellabrünn près de Münich) à partir de formes domestiques sans succès car, comme l'écrit A. Gautier (1990, p. 168), il est impossible de rattraper la perte du patrimoine génétique.

à l'intérieur de ces deux groupes. Aussi n'en présenterons-nous que quelques-unes pour donner l'aspect général de ce type[10]. Les oreilles d'une des races du groupe à poils courts sont petites et portées en rose. La queue est tombante, implantée bas (greyhound). Une autre race du groupe à poils courts, nommée lévrier d'Afrique par X. Przezdziecki[11], possède de longues oreilles dressées, triangulaires, posées sur une longue tête en cône allongée. La poitrine est étroite, sans ventre. La queue est longue, en fouet. Le saluki, race du groupe à poils longs ou frangés, présente une longue tête étroite comportant des yeux foncés à noisette. Ses longues oreilles, mobiles, tombantes, sont couvertes de longs poils soyeux. Son dos est assez large, son bassin présente une ossature large et robuste. La queue, implantée bas, tombe le long d'une croupe en pente douce jusqu'aux pattes. Il mesure entre 58 et 71 cm au garrot pour 14 à 25 kg (la femelle est un peu plus petite). Bien d'autres races sont connues.

Le type mastiff présente un crâne large avec de petits yeux écartés, un museau court et puissant. Ses oreilles tombent à plat le long du crâne. Ses membres sont d'égale grandeur et carrés. Son poitrail profond porte une encolure musclée. Le corps large, allongé, et les membres au carré, contribuent à lui donner un aspect massif. Sa queue est implantée haut. Il peut mesurer de 70 cm (mâle) à 66 cm (femelle) au garrot pour 70 à 90 kg.

En regard des précédents, le type « pariah » est spécial. Aujourd'hui encore, les experts débattent de sa place dans la famille *Canidae*. Forme domestique retournée à l'état sauvage (marronage) pour les uns ou canidés sauvages pour d'autres, dans les deux cas, le « chien » pariah n'est pas considéré comme le compagnon de l'homme. D'aucuns estiment d'ailleurs que seul le chien pariah d'Inde mériterait l'appellation, puisqu'il n'aurait jamais été domestiqué. Les descriptions de cet animal varient tellement que nous ne pouvons en fournir un portrait type. Toutefois, il ressort des divers commentaires que ce canidé, s'il existe à part entière, ne présente aucun signe distinctif et que ses liens avec l'homme sont distants.

Fig. 2. a-Greyhound (*Canis familiaris*) b-Saluki (*Canis familiaris*) c-Chacal commun (*Canis aureus*).

---

[10] On voudra bien se reporter à l'ouvrage de X. Przezdziecki (1984) exclusivement consacré aux lévriers pour plus d'informations.
[11] Przezdziecki X., 1984, p. 242-246.

Le chacal commun ou doré (Canis aureus)

Le chacal a de longs membres, de longues oreilles dressées aux bouts arrondis et une queue pendante relativement courte qui atteint le jarret. Son crâne présente une mince élévation frontale. Son museau est long et puissant. Sa taille varie entre 40 et 50 cm au garrot.

Le chacal est un animal nocturne. Il sort aussi au crépuscule mais rarement dans la journée, à moins qu'il ne soit dérangé. En Libye, il chasse en meute mais rien n'est connu à ce sujet pour l'Égypte. Son alimentation se compose d'animaux de petite taille (rongeurs, insectes) ainsi que de végétaux (fruits, légumes). Il est aussi nécrophage et nettoie les déchets humains.

Le renard fauve (Vulpes vulpes)

Cet animal a un corps gracile avec des membres courts. Son museau est long et pointu. Il a des oreilles dressées, triangulaires, longues et larges, pointant vers l'avant. Sa queue touffue est longue, atteignant le sol. Il est de petite taille (36 cm au garrot).

Il vit en famille dans des terriers aménagés à flanc de montagne mais aussi dans des structures abandonnées par l'homme. Ce n'est pas un animal strictement nocturne, on peut le rencontrer durant la journée près de tombes ou de terriers. Il est omnivore (fruits, insectes, oiseaux, volailles, œufs, poissons), se contentant de petits animaux et aussi des déchets humains (rejets domestiques, défécations, etc.).

Le renard du désert (Vulpes rueppelli)

Ce renard est semblable au précédant mais avec une taille au garrot de 26 cm. Du fait de sa plus petite taille, son corps est moins allongé que celui du renard fauve. Il a aussi des oreilles plus grandes et larges que le précédent. Sa queue est plus courte mais tout aussi touffue.

Cet animal, comme le renard fauve, vit en groupe. Ses habitudes alimentaires sont similaires à celles du renard fauve. On le rencontre plus fréquemment que le renard fauve, en particulier près des points d'eau.

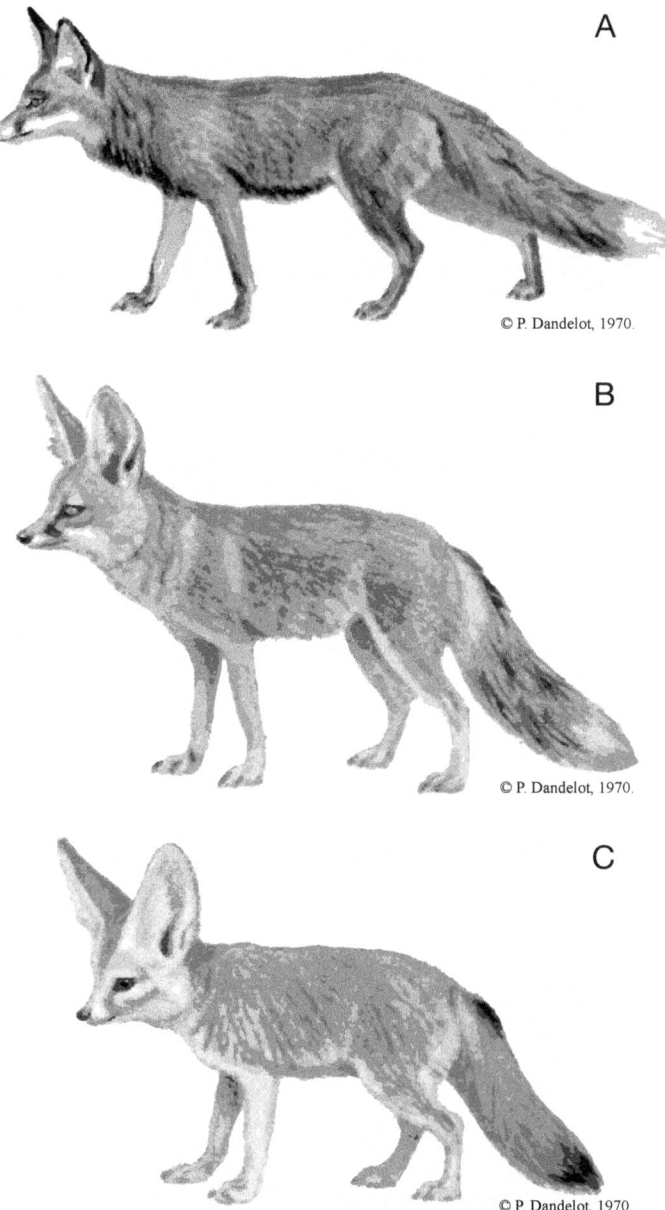

Fig. 3. a-Renard fauve (*Vulpes vulpes*)
b-Renard du désert (*Vulpes rueppelli*)
c-Fennec (*Vulpes zerda*)

Le fennec (Vulpes zerda)

Il a un museau en pointe très court et gracile. Ses oreilles très larges sont démesurées par rapport au corps. Sa queue en pinceau traîne par terre. C'est le plus petit des canidés avec 19 à 21 cm au garrot.

C'est un animal nocturne qui vit en société et se nourrit de reptiles et d'insectes ainsi que de petits rongeurs et d'oiseaux. On le trouve dans les zones sableuses mais aussi sous les maisons.

Le lycaon (Lycaon pictus)

C'est un grand animal d'aspect gracile avec une grosse tête aux grandes oreilles larges et rondes. Ses membres sont longs et fins. Sa queue touffue, moins cependant que celle des *Vulpes*, est droite et effilée, lui arrivant jusqu'au jarret. Il n'a pas de cinquième griffe, ce qui le différencie des autres canidés. Sa taille varie entre 70 et 75 cm au garrot.

C'est un animal diurne qui vit et chasse en groupe (jusqu'à 90 individus). Il se nourrit principalement d'antilopes. Il vit en dehors des zones fréquentées par l'homme.

Avant de poursuivre, il convient de dire quelques mots des animaux qui sont régulièrement assimilés à des canidés alors qu'ils appartiennent à une famille différente. Un bref descriptif semblable au précédent constituera le squelette de cette partie.

Les hyénidés

De nombreuses erreurs sont encore commises actuellement. Ainsi, J. Baines[12] place la hyène avec les « *dogs* ». Du coup, il mélange deux familles : les hyénidés, dont fait partie la hyène, et les canidés. Autre exemple : en mars 2004, il était encore possible d'admirer la palette aux lycaons du Musée du Louvre (31, fig. 34) sous la désignation « palette aux lycaons ou aux hyènes ». La famille *Hyaenidae* est donc fréquemment assimilée à celle *Canidae*. La confusion existe surtout avec le lycaon. Plus rarement, il arrive aussi que les égyptologues hésitent entre hyène et chacal. Pourtant, comme nous allons pouvoir le constater, il est impossible de les confondre.

La hyène rayée (Hyaena hyaena)

Son dos présente une crinière hérissée de la nuque à la queue. Elle a une grosse tête avec une mâchoire massive et de grandes oreilles pointues ainsi qu'une courte queue touffue. Son corps est zébré de rayures. Sa taille au garrot varie de 65 à 80 cm.

C'est un animal nocturne nécrophage. Néanmoins, si la nécessité s'en fait sentir, il peut chasser et attaquer même l'être humain.

---

[12] Baines J., 1993, p. 66.

Fig. 4. a-Lycaon (*Lycaon pictus*)
b-Hyène rayée (*Hyæna hyæna*)
c-Hyène tachetée (*Crocuta crocuta*)

	Français	Anglais	Allemand
Canis familiaris	Chien	Domestic Dog, Hound	Hund, Jagdhund
Canis aureus	Chacal commun	Common Jackal, Golden Jackal, Wolf Jackal	Goldschakal, Wolfschakal
Vulpes vulpes	Renard fauve	Nile Fox, Red Fox	Rotfuchs
Vulpes rueppelli	Renard du désert	Desert Fox, Sand Fox, Rueppell's Fox	Rüppellfuchs, Sandfuchs
Vulpes zerda	Fennec	Fennec Fox	Fennek, Wüstenfuchs
Lycaon pictus	Chien-hyène, lycaon, loup peint	Hunting Dog, Hyena Dog, Wild Dog, Cape Hunting Dog	Hyänenhund
Hyenae hyenae	Hyène rayée	Striped Hyena	Streifenhyäne
Crocuta crocuta	Hyène tachetée	Spotted Hyena	Fleckenhyäne, Höhlenhyäne, Tüpfelhyäne

Tabl. 2. Liste des noms de canidés et hyénidés en différentes langues.

La hyène tachetée (Crocuta crocuta)

Son dos offre une inclinaison caractéristique. Elle présente une très grosse tête avec des oreilles courtes et rondes. Elle a une courte queue au bout touffu. A la place des rayures, c'est un motif de taches qui recouvre son corps. Sa taille varie de 70 à 90 cm au garrot.

Elle n'est pas strictement nocturne et si elle est nécrophage, elle peut aussi chasser la gazelle ou de plus grosses proies.

D'autres cas d'erreurs peuvent se rencontrer mais qui appartiennent à un autre niveau de connaissance. L'interprétation d'une langue étrangère par une traduction littérale est celui-là.

Un loup pour un chacal

Il est des noms qui sont source de confusions. Ainsi en est-il du mot allemand *Wolfschakal*. Il ne s'agit, en effet, nullement d'un chacal-loup ou d'un loup mais simplement du chacal commun ou doré (*Canis aureus*). De même, *Wild Dog* qui n'a jamais désigné le chien sauvage ; ce qui est impossible, le chien ne pouvant être que domestique puisque c'est l'homme qui l'a créé. *Wild Dog* est le nom anglais du lycaon (*Lycaon pictus*).

Ces différences de langue sont courantes en égyptologie dans le domaine de la philologie*. Il en va de même des déterminations animales. Le tableau 2 fait la synthèse des noms recensés par D. J. Osborn et J. Osbornova[13]. Nous en avons ajouté d'autres trouvés durant notre travail et qui n'étaient pas mentionnés par ces auteurs. La liste n'est cependant pas exhaustive puisqu'elle ne s'attache qu'aux termes employés dans la littérature égyptologique. Elle ne concerne pas non plus l'appellation raciale de chaque espèce. Les noms de hyénidés ont été rajoutés pour information.

Il est bon de s'arrêter un peu plus sur les appellations animales. En effet, si des malentendus peuvent découler de la traduction de mots étrangers, ils peuvent aussi provenir de notre propre langue. En voici quelques exemples tirés de l'ouvrage de J. Clutton-Brock[14], qu'il est possible d'augmenter à partir de n'importe quel livre de vulgarisation. Ainsi, le « loup » de Tasmanie n'est pas plus un loup qu'un canidé mais un marsupial australien. De même, le chien de prairie est, en fait, un rongeur d'Amérique du Nord appartenant au groupe des écureuils. La liste est longue mais il n'y a aucun intérêt à en faire l'état ici. Il faut signaler, en revanche, que le canidé nommé loup d'Abyssinie, et qui vit en

---
[13] Osborn D. J. et Osbornova J., 1998.
[14] Clutton-Brock J., 1995.

Éthiopie, n'est pas classé dans l'espèce lupine. Il n'y a donc pas, comme cela était déjà le cas dans l'antiquité, de loups en Égypte.

Jusqu'à présent, il n'a été que sommairement question du chien (*Canis familiaris*). C'est que cette espèce est quelque peu particulière et mérite un chapitre à elle seule.

Le chien : enfant de l'homme

À la différence des autres espèces canines, il n'y a pas un chien mais une pluralité de types, de races. Aujourd'hui encore, son évolution est en plein développement (berger allemand, chien du Japon aussi grand qu'une tasse de thé). Comme on peut s'en douter, cette espèce n'est pas naturelle. En effet, elle est le produit de l'homme et... d'un autre animal. C'est justement par l'origine du chien et ses différentes hypothèses que nous commencerons ce chapitre.

L'origine du chien

Le loup, le chacal, le renard, etc., tous descendent d'un carnivore commun, chaînon manquant comme pour l'homme, mais chacun appartient à une espèce différente. Le chien est l'espèce qui a fait couler le plus d'encre quant à son origine. Depuis ce qu'avait conclu D. J. Brewer[15], sur son origine en tant que loup domestiqué, il semblerait que le problème ait été résolu par l'équipe de Robert K. Wayne[16] grâce à un travail fondé sur l'étude de l'ADN mitochondrial. Pourtant, dans un article récent, J. Brixhe[17] met bien en avant que les cynologues restent dubitatifs quant au bien fondé des dernières découvertes de la zoologie[18], sans qu'on sache précisément sur quoi reposent ces doutes.

Toutefois, il convient de mentionner les différentes théories sur les origines du chien afin d'être le plus complet possible. Nous analyserons d'abord la théorie de la domestication du loup puis celle dite de l'hybridation, avant de terminer le panorama avec celle dite du « chien sauvage » ou marron (*Canis ferus*).

[15] Il avait écrit que si l'hypothèse était « *strongly suggestive, it* [was] *not conclusive* » (Brewer D. J. *et al.*, 1994, p. 111).
[16] Vilà C. *et al.*, 13 juin 1997.
[17] Brixhe J., 2000.
[18] À ce sujet, nous désirons insister sur la nécessité d'études sérieuses loin de toute mièvrerie. Trop souvent, l'animal est considéré comme un enfant en bas âge et non comme un objet d'étude par des institutions ou des associations qui ont la charge de travailler sur, et avec l'animal. La lettre de la SECAS (Société d'Encouragement pour la Conservation des Animaux Sauvages) est, sur ce point, édifiante. Il n'est qu'à lire l'article sur Kuala du n° 22, p. 2 pour le constater.

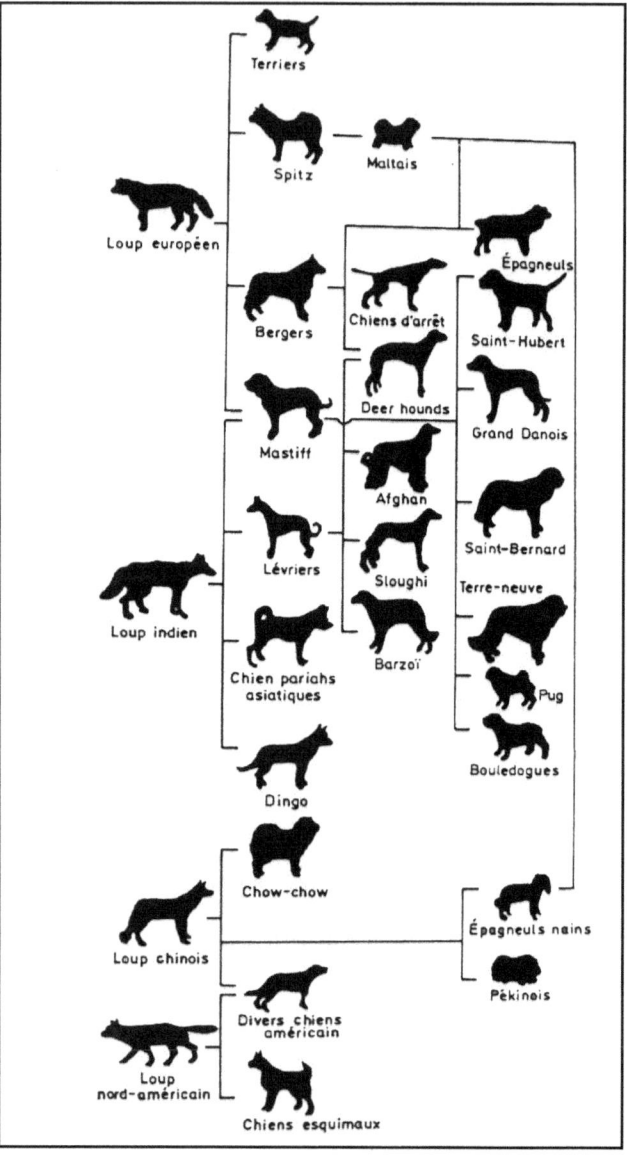

Fig. 5. Généalogie de quelques groupes raciaux (Gautier A., 1988, p. 123).

La domestication du loup

L'idée que le chien est issu de la domestication du loup se fonde sur les caractères de correspondances entre ces deux espèces. Notons qu'on ne peut parler de domestication du chien puisque ce dernier est, par essence, domestique[19]. Malgré le caractère de fauve qui lui est prêté en général, c'est l'animal qui correspond le mieux du fait des critères suivants :
- les foyers d'apparition du chien concordent avec ceux du loup, et non avec ceux du chacal ;

[19] Cf. Lignereux Y. et Carrère I., 1994.

- les deux espèces possèdent le même nombre de chromosomes[20] (2n=78) ;
- si le chien, le loup, le chacal et le coyote sont interféconds[21], seul le loup et le chien se reproduisent sans l'intervention humaine[22] ;
- d'autres éléments comme la comparaison de l'albumine du sang[23], la comparaison des traits éthologiques[24], la morphologie du crâne (convexe chez le chacal, concave chez le chien) ;
- enfin, l'étude de l'ADN mitochondrial réalisée par une équipe américaine dont nous avons parlé plus haut sont en faveur de l'ancêtre *Canis lupus*, autrement dit, le loup.

L'hybridation

À l'inverse, certains spécialistes préférèrent voir dans le chien un être hybride. Ceci ne serait pas sans rappeler la figure sethienne dont certains pensent que la première forme était celle d'un chien[25], mais nous y reviendrons. Pour ce qui est de l'hybridation, en fait, cette théorie découle, comme on l'aura compris, du grand dimorphisme du chien. Ces larges différences ont amené A. Gautier à écrire que « la grande variabilité des chiens n'est pas étrangère à la difficulté qu'ont certains d'accepter que tous les chiens soient issus d'une seule et même espèce, le loup[26] » (fig. 5 et 6). Pourtant, cette diversité n'est pas aussi surprenante qu'elle le paraît. Certains animaux sauvages connaissent aussi une grande diversité de forme tel que le loup, l'ancêtre même du chien. Suivant que l'on se situe dans des zones froides ou chaudes, la corpulence, la toison, ainsi que le comportement, varient de manière significative comme nous le verrons.

L'hypothèse de l'hybridation veut que le chien soit, certes, descendu du loup mais qu'il ait inclus, aussi, le chacal ou le coyote (*Canis latrans*) parmi ses ancêtres[27]. Cette théorie admet que les croisements ne peuvent se produire que dans les zones où le chacal ou le coyote, était présent. Il faut remarquer cependant que, s'il existe un grand polymorphisme chez le chien, 32 sous-espèces de loup commun (*Canis lupus*) sont recensées aujourd'hui alors que nous n'en constatons aucune chez le chacal[28] (*Canis aureus*).

Toujours est-il que le chien n'est, en aucun cas, un animal sauvage. Associer les deux mots revient à l'antithèse d'un animal sauvage domestique. Pourtant, les mots « chien » et « sauvage » peuvent être employés conjointement dans un seul cas précis.

Le « chien sauvage » ou marron

Si parler de chien domestique est un pléonasme, associer le mot *chien* à celui de *sauvage* est une autre erreur puisque pour reprendre l'expression de Y. Lignereux et I. Carrère, « le chien *est* domestique[29] ». Le terme *marron* ne prêtant pas à confusion, nous le préférerons dans la suite de l'ouvrage. Le chien marron est, à l'origine, un animal domestique. C'est son retour à la vie sauvage qui lui vaut cette appellation de *sauvage* ou *marron*[30]. Même si l'appel de la forêt, pour reprendre un titre connu, correspond à une réalité quotidienne, il existerait des formes primitives de marronnage. Elles seraient représentées par le pariah d'Inde et d'Afrique, le basenji du Congo, le chien de Caroline, le chien chanteur de Nouvelle-Guinée (*Canis ferus hallstromi*) et le dingo (*Canis ferus dingo*). Certains de ces animaux sont devenus des espèces à part entière du chien, avec un développement propre. Il s'agit bien, toutefois, de descendants de chiens (*Canis familiaris*). À ce titre, il faut bien insister sur le fait qu'il n'est pas permis de parler de « chien sauvage » dans le sens qui lui est fréquemment donné : animal s'étant développé à l'état naturel hors de la sphère anthropique.

Il ressort de ce qui précède que la domestication du loup est l'hypothèse la plus probante. Ceci est d'autant plus juste qu'aucun lycaon ou chacal n'a, dans l'état des recherches actuelles, été mis au jour en Europe alors que le loup y est présent (400 000 av. J.-C. à Boxgrove dans le Kent[31]). Ajoutons à cette remarque que l'attestation du plus ancien chien au monde fut relevée à Oberkassel[32] en Allemagne (12 000 av. J.-C.). Enfin, il faut noter qu'il y aurait plusieurs

---

[20] Cf. Brewer D. J. *et al.*., 1994, p. 110 ; Clutton-Brock J., 1976, p. 14.
[21] Cf. Brewer D. J. *et al.*., 1994, p. 111 ; Clutton-Brock J., p. 14.
[22] I. Carrère, com. pers.
[23] Étude réalisée par le laboratoire Effleur à Hambourg et le centre de nutrition de Waltham (Ortega J., 1984, p. 5).
[24] Sur 90 traits identifiés chez le chien, 70 se retrouvent chez le loup, bien plus que chez le chacal (Ortega J., 1984, p. 5).
[25] Cf. Habachi L., 1939.
[26] Gautier A., 1988, p. 31.
[27] Y. Lignereux et I. Carrère (1984, p. 15-18) donnent un bon aperçu des bases et des raisons de cette théorie avec une bibliographie à laquelle nous ajoutons : Clutton-Brock J., 1976 ; Digard J. P., 1990.

[28] Cf. Ortega J., 1984, p. 1.
[29] Lignereux Y. et Carrère I., 1994, p. 1.
[30] Cf. Lignereux Y. et Carrère I., 1994, p. 17.
[31] Cf. Clutton-Brock J. et Jewell P., 1993.
[32] Cf. Beneke N., 1987 ; Nobis G., 1979.

foyers de domestication puisque, à la suite du loup que nous trouvons, aussi, en Amérique, au Japon et en Sibérie, diverses fouilles ont révélé la présence du chien dans chacun de ces pays[33]. Or, une apparition de cet animal dans des régions aussi éloignées les unes des autres ne peut être que le signe de foyers divers, ce qui expliquerait la diversité des espèces. Toutefois, cette « *théorie évolutionniste* n'élimine pas la *théorie diffusionniste*[34] ». En effet, des échanges (importations, migrations de populations canines) ont pu se produire comme nous pourrons le constater en Égypte. Pour finir, il ne peut y avoir, selon la théorie monophylétique de A. Gautier[35], qu'un seul ancêtre sauvage pour une espèce domestique. Cet état de fait vaut même si plusieurs espèces domestiques peuvent être dérivées d'un ancêtre sauvage. Il est reconnu pour des pays tels que l'Allemagne, le Japon et d'autres que le chien a pour ancêtre le loup. Suivant la théorie monophylétique, un chien trouvé dans tout pays provient donc de la domestication lupine.

Cette constatation est essentielle pour comprendre les questions qu'elle soulève sur la présence du chien en Égypte. Avant d'en faire l'exposé, il serait bon de dénoncer certaines idées fausses qui sont colportées trop souvent au sujet des processus de domestication.

La domestication

Comme le fait remarquer A. Gautier[36], l'expression *animal domestique* n'est que trop reliée à l'association animal-maison qui découle de l'étymologie (*domus* désigne la maison en latin). Le sens du mot domestique est loin d'être semblable, même dans des définitions incomplètes comme celle de S. Bökönyi[37]. En effet, il considère la domestication comme « la capture et l'apprivoisement* par l'homme d'animaux d'une espèce à caractéristiques de comportement particulières, leur éloignement de leur milieu naturel et de leur communauté reproductive, leur maintien, pour le profit, sous conditions de reproduction contrôlées[38] ». La définition reste incomplète car l'apprivoisement n'est qu'une « étape amenant à la domestication » selon l'expression de L. Krzyzaniak[39]. Cette donnée est importante. S'il est possible d'apprivoiser certains animaux, ils n'en deviennent pas, forcément, des animaux domestiques. Les meilleurs exemples sont ceux des animaux dressés, comme l'éléphant indien qui sert à aider l'homme dans son travail. Afin de renouveler l'effectif, les dresseurs indiens doivent partir dans la jungle pour en capturer de nouveaux. En effet, cet éléphant ne se reproduit que très exceptionnellement en captivité. Le cas des lions et autres animaux de cirque est tout aussi probant[40]. Définition encore incomplète de S. Bökönyi car elle ne prend pas en compte les modifications génétiques héréditaires que l'animal a subies sous l'influence de l'homme ou sous son action. Ces modifications sont significatives d'une domestication (fig. 6). Cette réalité amène L. Krzyzaniak[41] à parler d'un long processus, ce qui ne semble pas fondé, à en croire la démonstration de A. Gautier (cf. *infra*).

D'autre part, la domestication n'est pas forcément liée à un changement radical d'appréhension de l'espace environnemental comme le suggère Fl. Braunstein-Silvestre pour qui « la domestication constitue le point culminant de la sédentarisation[42] ». En accord avec ce chercheur, J. Clutton-Brock[43] définit le processus de domestication comme la sélection d'un animal sauvage sorti de son environnement à seule fin que ce dernier remplisse les intérêts économiques souhaités par l'homme (traction, consommation, produits dérivés, etc.). Ceci est peut-être valable pour le bétail[44] mais ne fonde pas le *fait* domestique. Ce dernier n'est pas lié qu'aux espèces consommées comme l'ont démontré Y. Lignereux et I. Carrère[45]. En effet, le chien est le *fait* de chasseurs–cueilleurs nomades et non de sédentaires éleveurs. Sa domestication a donc précédé de plusieurs milliers d'années celle des autres animaux. Il s'agirait alors d'un acte de survie, de commensalisme et non, forcément, d'une appropriation du milieu. De fait, il ne s'agit pas d'un critère significatif du

---

[33] Cf. Lignereux Y. et Carrère I., 1994, p. 5-7.
[34] Cf. Lignereux Y. et Carrère I., 1994, p. 15.
[35] Cf. Gautier A., 1988 et 1990.
[36] Gautier A., 1988, p. 27-29 et 1990, p. 7-10.
[37] Bökönyi S., 1969.
[38] La définition est rapportée par A. Gautier (1990, p. 8).

[39] Krzyzaniak L., 1983, p. 5.
[40] Ceci amène à nuancer les propos de D. M. A. Bate (1953, p. 18) au sujet de l'absence de preuves de la présence du chien à Es Shaheinab (85) sur la mention d'A. J. Arkell qui lui signale avoir apprivoisé* un chacal. L'apprivoisement n'apporte pas des changements sur les os identiques à ceux de la domestication, même si l'apprivoisement peut représenter une des étapes de la domestication.
[41] Krzyzaniak L., 1983, p. 5.
[42] Braunstein-Silvestre Fl., 1989, p. 309.
[43] Clutton-Brock J., 1987, p. 21.
[44] Pourtant, il existe, aujourd'hui encore, des groupes d'éleveurs nomades dans le désert. Malgré leur nomadisme, ils utilisent des espèces domestiques.
[45] Lignereux Y. et Carrère I., 1994, p. 10.

néolithique[46] même si le *fait* domestique en agriculture en compose une des conditions.

Les changements caractéristiques liés à la domestication

Il est au moins un point sur lequel s'accordent tous les chercheurs : la domestication, ou du moins un élevage en captivité, crée des changements génétiques héréditaires à différents niveaux (taille, morphologie, comportement, etc.).

La différence de taille est la modification la plus utilisée en archéozoologie, car peut-être la plus caractéristique comme critère déterminant une domestication. Toutefois, elle est à nuancer. Les animaux sauvages varient aussi en taille en fonction du climat et des ressources naturelles (chaleur, nourriture moins abondante amenant une diminution de la taille…). Ce n'est que dans les cas où l'action de l'homme est évidente que la domestication peut être considérée comme certaine. Ainsi en est-il des tailles extrêmes (basset). En archéozoologie, ces extrêmes n'ont pu être mis en évidence qu'à partir de l'Antiquité romaine, mais l'iconographie montre des exemples bien antérieurs (basenji de l'Ancien Empire). Les études récentes posent, cependant, le problème de la rapidité de l'évolution des tailles et des formats ainsi que du comportement, qui ne semble pas avoir pris plus que quelques siècles, voire moins. Ainsi, l'expérience de Novosibirsk[47] a montré que le renard argenté avait le comportement d'un chien après vingt-cinq générations et D. J. Brewer a montré, chez le loup, la rapidité des modifications physiques (fig. 6).

Les changements morphologiques, dits aussi allométriques*, découlent de la taille. Ces modifications se présentent, pour le chien, sous la forme d'oreilles pendantes, de plis (du fait d'un surplus de peau), d'une forte courbure de queue[48], etc. Mais, le changement le plus marquant est celui du crâne. L. Chaix note, pour ce dernier, « un raccourcissement et un élargissement […], avec une tendance à un escarpement du frontal[49]. » Les dents aussi

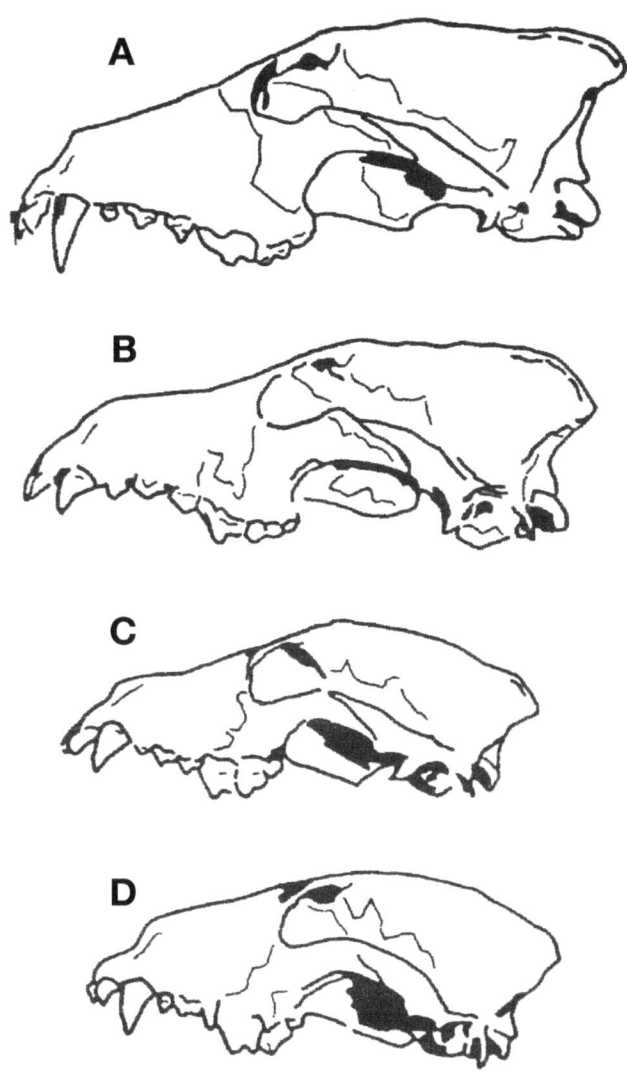

Fig. 6. Quatre crânes de loup
(Brewer D. J. *et al.*, 1994, fig. 8.10) :
A. loup, B. loup capturé jeune et maintenu en captivité,
C. loup né en captivité, D. seconde génération
de loup captif.

montrent un raccourcissement et une diminution sensible de la taille (fig. 6).

Les changements éthologiques[50], s'expliquant en partie par ceux physiques (diminution du poids du cerveau jusqu'à 34 % chez le chien[51]), sont importants. Toutefois, il faut, eux aussi, les nuancer. En effet, on constate que, chez les canidés, le loup méridional, de taille moyenne (la taille des loups varie en diminuant du nord vers le sud), a un comportement plus proche de

---

[46] Cette constatation rend caduque la « théorie classique » où la domestication aurait été la conséquence de l'agriculture (cf. Leclant J. et Huard P., 1980, p. 490).
[47] Gautier A., 1990, p. 78-90.
[48] L. Chaix (Bonnet Ch. *et al.*, 1992, p. 37) indique, en se fondant sur l'ouvrage de F. E. Zeuner (1963), que les chiens à queue enroulée seraient caractéristiques d'une domestication avancée.
[49] Bonnet Ch. *et al.*, 1992, p. 36.

[50] Cf. Clutton-Brock J., 1987, p. 25 ; Fox M. W., 1971 ; Schenkel R., 1967 ; Scott J. P., 1967.
[51] Cf. Gautier A., 1990, p. 54.

celui du chacal que de son homologue du grand Nord. Chez les animaux domestiques, cependant, les changements sont plus marqués. La raison en incombe à l'intervention humaine, et non à des raisons naturelles comme chez ses frères sauvages. Ainsi, les perceptions s'appauvrissent, le stress est moindre, etc. En fait, tout l'entourage humain amène l'animal domestique à des réactions aberrantes par rapport à celles de son ancêtre. Par exemple, le loup, après la chasse, cède la place sur le lieu de nourriture aux louveteaux et aux louves qui allaitent. Dans les mêmes conditions, les caniches expérimentaux de Kiel se montrent agressifs[52].

L'ensemble des données précédentes amène à considérer qu'il y a une perte des signaux (corporels, olfactifs ou autres) chez l'animal domestiqué. L'animal est plus réceptif à l'homme. Ce dernier peut donc le modeler à son gré. De fait, il va entretenir avec l'animal une relation différente de celle qui existait avec le sauvage. Nous y reviendrons car ce changement est fortement exprimé en Égypte.

L'homme et le chien

Avant de voir les raisons qui ont pu rapprocher loups et hommes ainsi que les utilisations du chien, il convient d'éclaircir certaines expressions. Ces dernières, qui sont encore en vigueur aujourd'hui, sont le fruit du travail de Ch. Darwin[53]. Il distingue deux types de sélection : naturelle (critères d'opportunisme) et anthropique. A l'intérieur de cette dernière, il distingue, à un second niveau, deux autres types de sélection : une sélection inconsciente (elle n'a aucun but clair si ce n'est le fait que les animaux puissent vivre ensemble) et une sélection déterminée (les chiens de compagnie de l'Antiquité romaine ou ceux de course en sont des exemples). Ceci exposé, pourquoi avoir choisi le loup comme compagnon ? Mais… qui a choisi qui ? Y a-t-il seulement eu une intention ?

Pourquoi le loup ?

Personne ne sait si c'est le loup qui s'est approché de l'homme ou l'inverse[54]. Toutefois, l'histoire relatée par J. Leclant et P. Huard[55] est discutable. Cette histoire veut que l'instinct collectif du loup l'ait fait participer à la chasse au profit de l'homme. Ce dernier lui aurait, finalement, donné une part de sa nourriture. Avec le temps, il se serait formé une symbiose où le loup, reconnaissant la supériorité de l'homme, se serait attaché à lui pour s'intégrer dans la communauté. Les problèmes posés par une telle hypothèse sont multiples. Tout d'abord, elle suppose un caractère doux de l'animal (facile et souple), une suprématie de l'homme acceptée par l'ensemble de la meute, y compris le chef ce qui est difficilement concevable. Elle suppose, en outre, que les loups auraient été les seuls canidés à profiter des besoins de l'homme. Les lycaons, pourtant, chassent en meutes toutes aussi nombreuses que celles des loups, voire plus. Le chacal et la hyène auraient eu plus d'intérêts que tout autre canidé (ce sont des charognards) à suivre l'homme, pour ne rester que dans le cadre des canins agissant en meute. Enfin, et surtout, elle fait abstraction de toute espèce de sélection puisque c'est l'animal adulte qui se joint au groupe humain. Par ailleurs, si le loup est un chasseur, A. Gautier fait remarquer que « le chien primitif ne serait pas nécessairement un bon chien de chasse[56] » mais ne le serait devenu qu'après une sélection commencée vers 3 000 av. J.-C.[57]. Cette sélection aurait été le fait d'un développement des inégalités sociales (la chasse étant devenue un passe-temps). Ces assertions sont étayées par des données ethnologiques*[58] qui sont, cependant, à prendre comme des hypothèses de travail et non comme des faits. Il est toujours délicat d'affirmer que des populations contemporaines fonctionnent comme des populations plus anciennes.

Toujours est-il qu'effectivement le loup et l'homme devaient chasser le même gibier, sur le même terrain[59]. L'homme, vivant en symbiose avec son milieu, l'aurait-il considéré comme « un allié de bonne compagnie[60] » ? C'est la thèse la plus retenue depuis 1905[61]. Et après

---

[52] Cf. Gautier A., 1990, p. 58.
[53] Darwin Ch., 1859.
[54] Cf. Gautier A., 1990, p. 120 ; Brewer D. J. et al., 1994, p. 112 ; Ortega J., 1984, p. 4.

[55] Leclant J. et Huard P., 1980, vol. 1 p. 275.
[56] Gautier A., 1990, p. 121.
[57] Cf. Gautier A., 1988, p. 33. Cette remarque paraît, cependant, difficile à prendre en compte quand on pense à toutes les figurations de chasse naqadienne. Mais s'agit-il seulement de scènes de chasse (cf. chap. II.3.4.1.1.) ?
[58] Les aborigènes d'Australie et les Bochimans de l'Afrique méridionale renvoient leurs dingos quand ils partent chasser. La raison en est qu'ils mangeraient la viande au lieu de la rapporter.
[59] Cf. Bökönyi S., 1969, p. 225 ; Chaplin, 1969, p. 239 ; St. Gsell, 1920, p. 234.
[60] Lignereux Y. et Carrère I., 1994, p. 10.
[61] Cf. Keller O., 1905.

tout, pourquoi pas ? Il est toutefois possible que l'association entre homme et loup ait commencé il y a 40 000 ans, mais les premières traces de domestication sont bien postérieures comme nous l'avons exposé dans les paragraphes précédents. Des études récentes[62] font remonter la domestication à 135 000, voire 400 000 ans av. J.-C. La précision de ces travaux, fondés sur l'étude des mitochondries (ce que les chercheurs appellent « l'horloge moléculaire »), permettrait de différencier loup et chien pour les chronologies les plus anciennes. Ainsi, sur les sites mettant des ossements de canidés en liaison avec des ossements humains datés de l'Acheuléen (400 000–180 000 av. J.-C.), il serait possible de savoir s'il s'agit réellement de loups, comme cela était admis jusqu'à présent, ou de chiens.

La possibilité d'une accoutumance dans un « cycle parasitaire[63] » où le loup aurait profité des chasses et des restes de l'homme, est, elle aussi, intéressante. Le loup s'habituant à la présence humaine aurait établi son campement dans les environs de l'habitat. Par la suite, certains louveteaux auraient joué ou servi de jeux aux enfants de l'habitat environnant. Cette approche se fonde sur l'existence, encore actuelle en Afrique et ailleurs, de ce genre de situation. Le fennec, l'ours, etc. font partie des espèces connaissant de semblables relations avec des humains. Cependant, comme nous l'avons mentionné (cf. *supra*), d'autres canidés auraient eu plus d'intérêts à ce rapport parasitaire. Aussi cette explication ne suffit-elle pas. Nous en voulons pour exemple les essais ratés opérés avec le lycaon et avec la hyène, même si cette espèce n'appartient pas à la même famille.

Des causes de la domestication du loup, il ressort que la parenté de son comportement avec celui de l'homme va plus loin que le simple fait de la chasse, d'autant que les chiens utilisés à cette fin seraient le produit d'une sélection. L'étude éthologique présentée par J. Ortega met en relief que le loup est « un animal social par excellence [qui ne s'épanouit que] dans une société où existe une hiérarchie saine et claire[64]. » Elle montre aussi que le loup conserve le schéma de l'enfance (jappement transformé en aboiement), qu'il est intégré comme un enfant dans la société (en Mélanésie ou en Australie, les chiots sont allaités par les femmes), qu'il est d'une loyauté absolue envers le chef de la meute (il la reporte sur le maître), qu'il possède une grande capacité d'adaptation et d'apprentissage. Tous ces critères ont permis une accoutumance réciproque amenant à sa domestication et donc à l'utilisation du chien.

L'utilisation du chien

Bien que d'autres espèces aient été utilisées, il ne sera ici question que du chien. Il est le canidé le plus proche de l'homme pour la préhistoire égyptienne. J.-P. Digard a raison, en revanche, quand il écrit que « les exemples de canidés, fennecs (*Vulpes zerda*), renards (*Vulpes vulpes*), chacals (*Canis aureus*) et même loups (*Canis lupus*) *apprivoisés* fourmillent[65]. » Nous soulignons *apprivoisés* afin de marquer qu'il ne s'agit, toutefois, pas d'animaux domestiqués. Même s'ils ne rentrent pas dans le sujet de l'utilisation du chien, il est intéressant de savoir que ces canidés ont pu, aussi, servir à court ou long terme.

F. Sigaut[66] subdivise les produits animaux en quatre groupes :
- les produits corporels (viande, peau, fourrure, griffes, etc.) ;
- l'énergie (chaleur, entraînement de rouages, etc.) ;
- les comportements auxiliaires (auxiliaire cynégétique, garde, etc.) ;
- les signes (animal de sacrifice ou comme signe extérieur de richesse, etc.).

L'utilisation du chien s'inclut dans chacun des groupes. Il serait laborieux de présenter chacune des utilités que l'homme a pu lui trouver tellement elles sont nombreuses. Cependant, il est bon d'en signaler quelques-unes auxquelles l'on pense rarement[67].

Ainsi, les produits corporels (peau, poils et dents) ont servi jusqu'au XIXe siècle. Sa peau, souvent tannée avec sa crotte comme assouplissant, pouvait être utilisée comme tapis. Ses poils ont été tissés jusqu'au XIXe siècle dans les Pyrénées. Ses dents ont servi de parure vestimentaire (Mérimdé-Bénisalamé : 37). Les chiens « tournebroches » du Moyen Âge (ils

---

[62] Cf. Vilà C. *et al.*, 13 juin 1997.
[63] Leclant J. et Huard P., 1980, vol. 1, p. 275.
[64] Ortega J., 1984, p. 4.

[65] Digard J.-P., 1990, p. 117.
[66] Sigaut F., 1983.
[67] Pour plus de renseignements, voir les auteurs suivants : Chevallier D., 1987 ; Digard J. P., 1990 ; Gautier A., 1990 ; Lignereux Y. et Carrère I., 1994.

servaient à faire tourner, par un jeu d'engrenages, les viandes cuites en cheminée), ceux qui portèrent des canonnières durant la Première Guerre Mondiale et ceux des rémouleurs, sont un exemple du chien-source d'énergie. Enfin, nous pouvons constater que son emploi a été autant utile (recherche de personnes disparues ou de délinquants, chien d'aveugle, zoothérapie) que futile (course de lévriers) et dangereuse (chiens d'attaque, zoophilie). Un dernier cas à signaler, amusant mais d'importance, est celui du chien sélectionné pour son comportement ressemblant au loup. La sélection des chiots qui aspirent l'eau plutôt que de la laper se faisait encore au début du XXe par les chasseurs de loup. En effet, le loup ne lape pas l'eau mais l'aspire quand il boit. Aussi avait-on noté que l'animal qui avait le comportement du loup deviendrait le meilleur limier pour le débusquer. Cette demande auprès du chien a dû se faire dès les premiers temps afin de protéger le bétail, les enfants et les vieillards, des loups et autres bêtes sauvages.

Avant de clore le chapitre sur la zoologie, il convient de préciser que l'approche archéozoologique est une aide objective mais pas une fin en soi. Elle ne retire rien à l'iconographie. Ainsi, une diminution de taille (ostéologie) est caractéristique d'une domestication, mais l'image d'un canidé avec une queue recourbée est un trait de domestication tout aussi objectif. Nous conclurons ce chapitre sur une remarque de D. Chevallier. Il écrit que « l'image du chien est toujours révélatrice de celle de son maître et du groupe social dans lequel il évolue[68]. » L'homme a sélectionné des animaux suivant leur compétence (chasse, garde) et/ou leur esthétique (races d'appartements). La présence du chien est donc un phénomène indissociable de celle de l'être humain. Cet animal est donc un marqueur fort de la présence humaine dans un lieu donné — ce qui est aussi très important pour l'analyse archéologique (ostéologie, iconographie).

---

[68] Chevallier D., 1987, p. 165.

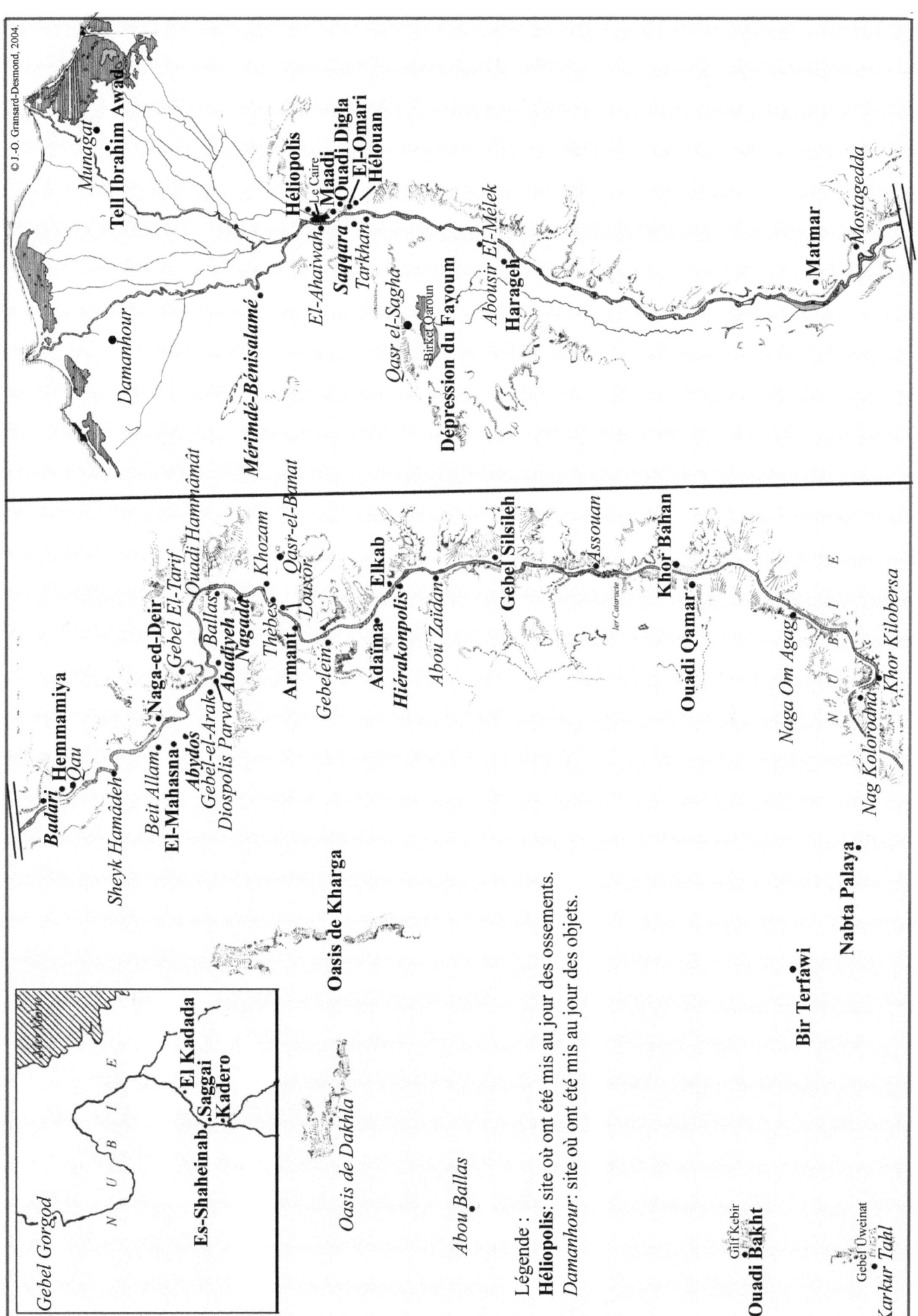

Fig. 7. Carte détaillée de l'Égypte et de la Nubie.

CHAPITRE 2

L'ORIGINE DU CHIEN EN ÉGYPTE

L'origine zoologique du chien traitée, il est maintenant possible de s'étendre plus amplement sur cet animal dont la fiche technique manque dans la présentation générale de la famille*. En effet, cette forme canine est tellement riche d'informations différentes (types*, races*) que la traiter dans son ensemble dépasse le cadre du sujet. Il fallait, cependant, lui réserver un chapitre propre, avant de revenir au reste de la famille, car le chien détient, par essence (il est le produit des manipulations que l'homme réalise sur son environnement), une place particulière auprès de l'être humain. De fait, son étude n'en est que plus importante. Donc, qu'en est-il du chien en Égypte ? Pour le savoir, il convient de développer certains aspects qui ont été évoqués dans le chapitre précédent.

Son origine

Comme nous l'avons vu précédemment, la domestication du loup est l'hypothèse retenue quant à l'origine du chien. Étant donné que plusieurs continents (Amérique, Europe, Asie) ont hébergé des foyers d'apparition de lupins, il est normal qu'il existe autant de types de loup que de foyers d'apparition. Les animaux furent bien obligés de s'adapter aux ressources naturelles du lieu où ils se trouvaient. C'est pourquoi nous nous intéresserons d'abord au type qui a donné naissance au chien en Égypte afin de posséder les moyens qui nous permettront, quand nous aborderons le domaine de la représentation, de comparer les caractéristiques de l'animal avec celles transmises par ces représentations.

Au Proche-Orient, en Égypte et en Afrique, c'est le loup indien (*Canis lupus pallipes*) de l'Asie du Sud-Ouest qui est reconnu par la plupart des archéozoologues et des zoologues comme l'ancêtre du chien[1]. D'autres spécialistes, comme S. J. Olsen et J. W. Olsen[2], songent plutôt au *Canis lupus arabs* ou au *chanco*. Toujours est-il que, dans les cas présentés, il s'agit toujours de sous-espèces* orientales de loup. Il semble, en effet, que la présence du chien en Égypte, et même en Afrique, ne puisse résulter que de la diffusion de l'espèce* par l'étranger, aucun loup n'ayant été découvert sur ce continent jusqu'à maintenant. Toutefois, il faut l'avouer, les chercheurs ne sont pas tous d'accord entre eux. Ainsi, L. Krzyzaniak indique « que la présence du loup […] sur ce terrain [l'Égypte] n'est pas claire[3]. » Il cite, à l'appui de cette déclaration, l'article de J. Clutton-Brock[4] qui ne fait, pourtant, aucune mention du loup en Égypte. L. Krzyzaniak s'est-il trompé ou faisait-il allusion à autre chose ? La seule affirmation d'une quelconque présence lupine est celle donnée dans l'ouvrage de A. Gautier[5] où ce dernier associe le loup au chacal commun dans les ressources animales de l'homme du paléolithique. Il réitère l'affirmation de la présence lupine dans son ouvrage de 1990[6]. Cependant, pas plus que dans son précédent livre (il donnait, toutefois, une idée chronologique qui a disparu ici), il ne précise le ou les sites ayant offert des vestiges ostéologiques. Il se contente de faire remarquer la confusion du « loup égyptien […] avec le chacal doré[7] » (*Canis aureus*). Est-ce à dire que tous les ossements identifiés comme du chacal doré appartiennent, en fait, à l'espèce loup ? Ou encore, fait-il allusion à la théorie, caduque aujourd'hui, du

---

[1] Clutton-Brock J., 1981, p. 34 ; Lawrence B., 1956, p. 80-81 et 1967, p. 57 ; Manwell C. L. et Baker C. M., 1983, p. 213.
[2] Olsen S. J. et Olsen J. W., 1977.
[3] Krzyzaniak L., 1983, p. 6.
[4] Clutton-Brock J., 1976.
[5] Gautier A., 1988a, tabl. I.
[6] Gautier A., 1990, p. 116.
[7] Gautier A., 1990, p. 116.

Fig. 8. Coupe de Moscou (53) sur laquelle un chasseur tient en laisse ses lévriers (classe C, vers Naqada Ic).

chacal comme ancêtre du chien en Égypte ? C'est ce que semble révéler sa conclusion dans laquelle il explique que le chacal doré est l'ancêtre du chien en Afrique, et non le loup. Toutefois, cette analyse va à l'encontre de ce qu'il nomme la *théorie monophylétique*. Cette théorie considère qu'un « animal domestique ne peut être le résultat du croisement répété de plusieurs espèces sauvages[8] ». S'il nuance son propos dans son livre, il affirme, par ailleurs, que le chien est le fruit de la domestication du loup seul[9]. Quant à L. Chaix[10], il confirme la diffusion du chien par le Delta ou la Péninsule Arabique. Plus récemment, D. J. Osborn et J. Osbornova[11] émettent de sérieux doutes quant à la possibilité de loups ou chiens-loups en Égypte. Pour notre part, nous pensons que la présence du loup en Égypte, et même en Afrique, ne repose, pour l'heure, sur aucune base sérieuse. Le seul canidé qui, dans le futur, contredira ce qui vient d'être avancé sera, peut-être, le « loup » d'Abyssinie, le jour où les chercheurs s'accorderont sur ses critères qui permettront de le classer une fois pour toutes. La thèse retenue, concernant la présence du chien en Égypte, reste donc celle d'une diffusion depuis l'étranger.

Dès lors, il est nécessaire de déterminer précisément de quel pays il s'agit ainsi que la cause de la diffusion, volontaire ou non. Hormis le Proche-Orient, certains chercheurs ont envisagé une diffusion à partir d'autres pays producteurs de l'animal. C'est le cas de L. Krzyzaniak[12] pour qui les formes domestiquées sont arrivées de l'extérieur soit par des groupes de bergers nomades se déplaçant à l'est et au sud du Sahara, soit par diffusions successives, du nord au sud, le long du Nil par le biais du commerce. Il fonde son analyse sur des sites du Soudan Central[13] qui ont fourni, pour le Soudan, les plus anciens restes de canidés. Il indique aussi que, en Égypte, les premiers animaux domestiques (bœufs, moutons, chèvres, chiens) sont apparus dans le désert Libyque, et non dans la vallée du Nil ou le Delta[14]. C'est l'ancienneté des sites de Nabta Playa (85) et de Bir Kiseiba (ils contiennent du matériel du paléolithique terminal) auxquels ils lient les gravures rupestres égyptiennes, dont le chien est une des figures, qui sert de base à son raisonnement. Le problème est que ces gravures restent, dans l'ensemble, mal cernées chronologiquement. D. J. Brewer[15] propose, quant à lui, une diffusion soit par l'est (Proche-Orient) soit, depuis l'Europe en passant par la Péninsule ibérique, par l'Afrique du Nord. Cette dernière hypothèse semble cependant improbable à ce chercheur du fait de la datation trop récente des témoignages africains. L'hypothèse d'une diffusion depuis l'Europe est néanmoins retenue par W. Herre et M. Röhrs[16] qui pensent que certaines races proviendraient de la sous-espèce *Canis lupus lupus*. Quelques années auparavant, suivant les propos d'A. Scharff[17] sur l'origine libyenne des chiens de la stèle d'Antef[18], J. Vandier[19] alimente la thèse européenne en rapprochant ces chiens de ceux de la coupe de Moscou (53, fig. 8) qui figure un chasseur tenant en laisse quatre chiens. En effet, si l'Égypte préhistorique accueille des chiens d'origine libyenne, ces derniers ne peuvent venir que d'Europe ; les animaux

---

[8] Gautier A., 1990, p. 39.
[9] Gautier A., 1988, p. 29.
[10] Bonnet Ch. *et al.*, 1992, p. 37.
[11] Osborn D. J. et Osbornova J., 1998, p. 56.
[12] Krzyzaniak L., 1983, p. 10.
[13] Es Shaheinab (89) et Kadero (90) ont fourni des restes de chiens et de chacals datés du Badarien.
[14] Krzyzaniak L., 1983, p. 7.
[15] Brewer D. J. *et al.*, 1994, p. 114.
[16] Herre W. et Röhrs M., 1973.
[17] Scharff A., 1928, p. 267, n. 5.
[18] Un des noms des chiens de la stèle d'Antef II (CGC 20512), XIᵉ dynastie, conduirait à donner une origine libyenne aux chiens égyptiens.
[19] Vandier J., 1952, p. 285.

seraient fatalement passés par l'Égypte s'ils étaient venus du Proche-Orient. Cependant, si les textes, énumérant les tributs apportés par les Libyens, attestent une importation de chiens, il ne faut pas nécessairement en conclure que le chien vient, à l'origine, du Soudan ou de la Nubie[20]. Si, en apparence, les plus anciens vestiges proviennent du Ouadi Bakht (83) et de Nabta Playa[21] (85), dans le désert Ouest, leurs datations sont, en réalité, incertaines car elles ne sont toujours pas calibrées. D'autres vestiges osseux ont été identifiés comme provenant d'un « *dog-like carnivore* » dans le Fayoum[22] (Elkabien). S'agit-il véritablement d'un chien ou d'un proche parent ? Cette donnée est à considérer avec précautions car ces restes proviennent de sondages. D. J. Brewer[23] estime d'ailleurs qu'aucune conclusion ne peut être tirée à partir des données provenant du Fayoum, et ajoute qu'il en va de même pour Badari. Sans date précise, Mérimdé-Bénisalamé (65), dans le Delta, reste le site où les plus anciens vestiges de chiens ont été mis au jour (début Mérimdéen, 5000 av. J.-C.) et qui offre un cadre chronologique sûr. Cette situation géographique va dans le sens d'une diffusion du chien par le Nord dès le VIe millénaire et avant. Toutefois, des races ou des types particuliers comme celui du lévrier ont pu provenir de la région libyque à une date postérieure.

L'obligation d'un contact avec un autre pays n'impose pas une relation conflictuelle, comme cela était souvent considéré auparavant. Aujourd'hui, les égyptologues s'accordent plutôt sur des rapports commerciaux de type « produits finis contre matières premières[24] ». Ainsi, S. Mark a démontré qu'il existait des échanges commerciaux entre l'Égypte et le Proche-Orient[25] (Mésopotamie, Syrie, Palestine) depuis le badarien ; du moins n'avait-il pas de témoignages antérieurs. Si l'hypothèse d'une diffusion du chien depuis le Proche-Orient se révèle exacte, ce que l'archéozoologie* renforcée par l'iconographie*[26] et les recherches de L. Chaix[27] semblent démontrer, alors nous pouvons faire remonter les relations entre l'Égypte et le Proche-Orient à l'époque de Mérimdé.

Un autre point est à envisager qui touche aussi à la question de la provenance : celui des types puisque, suite au manque d'informations sur le sujet, il est impossible de travailler sur les races. Si les différents types de chiens, retrouvés tout au long de la période pharaonique, sont dus à une sélection déterminée, il faut éviter de placer l'origine des types aux seules périodes pharaoniques, et à la seule Égypte, comme le fait H. G. Fischer[28]. En effet, le lieu de sélection peut avoir été n'importe quelle partie de l'Égypte, voire de l'Afrique ou d'ailleurs. L'action étant une « simple » manipulation volontaire sur l'animal, le foyer d'un tel événement peut difficilement être cerné. Ainsi, plusieurs foyers peuvent exister puisqu'il s'agit d'un événement strictement anthropique* sans aucun lien avec une quelconque nécessité naturelle telle qu'elle se présente pour l'apparition du chien : sans loups, pas de chiens. Certaines créations de types peuvent, toutefois, être isolées grâce au rapport antérieur/postérieur en fonction de la présence/absence dans les pays des types considérés. M. Hilzheimer[29] nous en offrait un exemple quand il indiquait que le type mastiff rencontré en Égypte était un descendant des gros chiens babyloniens. Aujourd'hui, cependant, les représentations les plus anciennes provenant d'Égypte[30], cela signifierait-il que ce type serait d'abord apparu en Égypte ? Possible. En revanche, il semble bien que le lévrier, dont la queue est « *a sign of good breeding*[31] » et que R. et J. Janssen[32] présentent comme le produit d'un élevage (ils parlent alors du lévrier de l'Ancien Empire), soit d'origine égyptienne ou libyenne suivant l'hypothèse retenue. En effet, en Asie et en Europe, aucune attestation n'existe qui coïncide avec la préhistoire égyptienne.

Quant à savoir si la diffusion a été volontaire ou non, la réponse est forcément affirmative. Comme n'importe quel produit créé par l'homme, il ne peut y avoir transit sans que celui-ci ne le permette. En revanche, on ne peut savoir s'il s'agit d'une importation ou d'une exportation. Des égyptiens se sont-ils pris d'affection pour

---

[20] À ce sujet, voir J. Leclant et P. Huard (1980, vol. 1, p. 279 et n. 30).
[21] Respectivement 6980 ± 80 BP (83) et ± 5800 BP (85).
[22] Cf. Wenke R. J. *et al.*, 1983, p. 33.
[23] Brewer D. J. *et al.*, 1994, p. 114.
[24] Midant-Reynes B., 1992, p. 193.
[25] Cf. Mark S., 1997.
[26] Des représentations (pendeloque en forme de chien provenant de Suse, vers 3300 av. J.-C.) et des thèmes (maître des animaux, attaque par la croupe) du dernier tiers du IVe millénaire qui sont connus au Proche-Orient se retrouvent en Égypte à la fin du IVe millénaire.
[27] Pour L. Chaix, la diffusion du chien s'est faite par le Proche-Orient ou la Péninsule Arabique (Bonnet Ch. *et al.*, 1992, p. 37).
[28] Fischer H. G., 1980, col. 77.
[29] Hilzheimer M., 1932, p. 416.
[30] La plus ancienne attestation proviendrait d'un vase d'Hammamiya (59) daté de Naqada IIIc-IId1 (cf. chap. II.2.3.3).
[31] Hilzheimer M., 1932, p. 418.
[32] Janssen R. et J., 1989, p. 9.

cet animal de compagnie à tel point qu'ils ont souhaité en ramener chez eux ? S'agit-il de marchands étrangers venus vendre ces animaux de compagnie en Égypte ? Nous n'en savons rien mais ce qui est certain c'est que les égyptiens sont très rapidement passés maître dans l'art de l'élevage, quand bien même D. J. Brewer[33] parle d'élevage rudimentaire, comme le prouve l'existence du lévrier dès les premiers temps (coupe de Moscou : 53, fig. 8). Cette rapidité pose le problème de la transmission du savoir-faire dans un pays qui n'a, normalement, pas vécu l'apparition du chien, ne faisant que réceptionner un produit fini.

Le chien pluriel

Le cadre de travail posé (zoologie*, domestication, origine du chien dans le monde et en Égypte), il convient d'en venir à une présentation des différents types de chiens. Les « fiches techniques » qui suivent sont plus des outils destinés à cerner la nature de l'animal (chien ou non) et à identifier le type de chien qu'une présentation générale du chien comme nous l'avons fait pour la famille. Précisons aussi que les animaux dont nous allons parler n'existant plus aujourd'hui[34], leurs traits morphologiques et éthologiques* ne sont connus que d'après l'iconographie, les textes et les vestiges osseux. Il faut ajouter que les vestiges osseux du chien, comme du chacal, sont connus en grande partie grâce aux collections des momies d'Abydos, Thèbes et Assiout[35]. Ces collections ont permis au chercheur de reconnaître un certain nombre de types. Ce travail est très important car, en tant qu'œuvre de l'homme, chaque type détient nécessairement un rôle spécifique que l'art*, au sens large, peut amener à mieux comprendre.

Quand a-t-on affaire au chien ?

Tout d'abord, il convient de préciser dans quelles conditions il est possible de désigner *chien* un canidé. Dès lors, la connaissance des outils à notre disposition pour un tel travail s'impose. S'il est vrai que des canidés ont été retrouvés dans des tombes avec des restes de laisse ou de collier[36], c'est surtout l'iconographie qui présente ces moyens de subordination en plus grande abondance. Remarquons que si ces moyens d'identification sont suffisants, c'est parce que nous ne traitons pas des périodes dites historiques. En effet, aux temps des pharaons, les animaux sauvages pouvaient, aussi, être tenus en laisse. Des scènes de tributs présentent, par exemple, des lions comme dans la tombe de Houy de la XVIIIe dynastie, des guépards sur le temple d'Hatchepsout à Deir el Bahari[37]. Ces mêmes animaux se retrouvent assis à côté du trône de pharaon ou de sa famille dans le mastaba de Mererouka de la VIe dynastie[38]. Il s'agissait alors d'animaux de la ménagerie royale. En dehors du contexte royal, inexistant durant la préhistoire, l'idée de collection d'animaux est difficilement concevable. Les raisons qui portent à croire qu'il n'en existait pas sont les suivantes :
- une ménagerie nécessite des attentions (nourriture, dressage pour que les animaux ne blessent personne) ;
- qui dit attentions, dit personne(s) pour s'en occuper, les garder et donc activité spécifique ;
- cette activité spécifique serait une activité de prestige car elle monopolise de l'énergie (un ou plusieurs hommes, nourriture supplémentaire, etc.) sans aucune utilité pour la communauté ;
- enfin, en Égypte, au néolithique, la relation pacifique entre humains et animaux n'est attestée qu'avec des espèces domestiques, jamais avec des espèces sauvages (cf. *infra*).

Seules des nécessités religieuses, dès ces temps reculés, seraient en faveur d'une ménagerie mais l'iconographie ne semble pas trahir l'existence d'une quelconque conscience religieuse avant la fin de l'époque naqadienne, encore que les égyptologues ne soient pas tous d'accord[39]. Aussi faut-il considérer que, pour la préhistoire égyptienne, le collier et/ou la laisse désignent tout canidé comme appartenant à l'espèce *Canis familiaris* (chien). Tout en relativisant l'importance de la remarque qui ne concerne pas l'Égypte mais les gravures rupestres du Sahara[40], il faut noter qu'une relation pacifique homme-animal sauvage est connue au néolithique. Elle apparaît dans des compositions où l'homme

---

[33] Brewer D. J., 1994, p. 116.
[34] Raison pour laquelle aucune photographie ne peut être présentée.
[35] Cf. Hilzheimer M., 1908 ; Lortet L. C. et Gaillard C., 1909, p. 259-294.
[36] Tombe n° 36 du cimetière 30 du Ouadi Qamar (87) datée de Naqada I-IId2 du fait de la présence de vases de la classe B (Watrin L., com. pers., 2004).
[37] Cf. respectivement Davies N. M. et Gardiner A. H., 1926, pl. XIX et Naville E., 1898, pl. XXX.
[38] Cf. Schweitzer U., 1948, pl. VI, 4.
[39] Cf. Asselberghs H., 1961, p. 285-286 ; Baumann, 1948, p. 48 ; Baines J., 1993, p. 64 ; Cialowicz K. M., 1991 ; Leclant J. et Huard P., 1980, vol. 2, p. 449 et 527 ; Menu B., 1998, p. 14 ; etc.
[40] Aucun contact entre les deux civilisations n'a encore été prouvé.

touche l'animal dans un but inconnu jusqu'à maintenant[41]. Nous en resterons donc au constat suivant : lorsque la présence de l'homme est marquée auprès d'un canidé, il ne peut s'agir que d'un chien, même si le type n'est pas identifiable.

Il faut attirer l'attention sur le fait que la présence humaine peut être physique (figure humaine) ou symbolique (laisse, collier, filet). À ce titre, un vase de Bruxelles (54, fig. 23) en est un exemple parfaitement explicite. La laisse, élément anthropique, manifeste l'humain déjà présent par le canidé mis en scène. En effet, la zoologie permet, grâce à sa queue enroulée, de reconnaître sans hésitation un chien sur la peinture. L'exemple a, ainsi, le mérite de présenter l'association de deux éléments qui affirment la présence de l'homme dans cette scène : la laisse et le chien. À la liste des outils symboliques suscités, il faut donc ajouter le chien qui offre un trait clair de domestication. Ainsi, une queue enroulée ou dressée, des oreilles pendantes, un aspect très massif sont autant de caractéristiques d'une manipulation anthropique (critères morphologiques). Dès lors, l'image qui présente ces critères ne permet aucun doute sur l'identification canine de l'animal. Cependant, le canidé ne porte pas forcément un élément distinctif manifestant l'humain. Dans ce cas, il ne peut être désigné d'un seul coup d'œil comme un chien. En l'occurrence, la désignation *chien* peut s'effectuer sur le profil ou la disposition des membres. Il ne peut s'agir, toutefois, que d'hypothèses car la qualité ou la volonté de l'artiste ne peut être approchée ou même quantifiée. Nous avons adopté le parti de désigner comme inconnues les représentations qui ne comportent pas un motif explicite d'une présence humaine.

Grâce à ce que nous venons d'exposer, des moyens sont maintenant à notre disposition qui nous permettent de reprendre d'anciennes identifications, et d'éviter de nous égarer lors de futures découvertes. C'est ainsi que nous avons pu mettre en évidence trois types de chiens et un ensemble de types différents qui résistent, malheureusement, à toute identification. Auparavant, il convient de s'arrêter quelques instants sur les diverses confusions qui, parfois, persistent jusqu'à nos jours.

Fig. 9. Coupe de Naqada (49) présentant des lévriers portant une ganse (classe C95, vers Naqada Ic).

De la confusion des familles

En effet, de nombreux objets supportent des images d'animaux dont l'identification porte encore à controverse. Toutefois, certains des cas ne sont pas aussi obscurs qu'ils le paraissent, à condition d'avoir au préalable étudié la zoologie de la gent canine comme nous l'avons fait précédemment.

Il est vrai que rien, en dehors d'espèces aux caractères marqués, ne permet d'attribuer la représentation d'un animal à tel ou tel type. Il est parfois même impossible de déterminer la famille à laquelle appartient cet animal. De fait, dans l'iconographie, la silhouette d'un canidé non caractéristique (animal ayant la queue tombante et les oreilles dressées[42]), à la différence du lycaon, du lévrier, etc., n'est pas très éloignée de celle d'un félidé. Reconnaître un canidé dans ces conditions devient fort délicat. Une palette de Beit Allam[43] (20) datable de Naqada Ic en

---

[41] Appropriation de l'animal ou de sa nature sauvage, rite d'initiation, nul ne sait pour l'instant. Cf. Leclant J. et Huard P., 1980.

[42] Si, à l'inverse, la queue est dressée et/ou les oreilles sont tombantes, il ne peut s'agir que d'un chien comme nous l'avons déjà expliqué. Si dans ce cas, l'espèce peut être déterminée, il n'en est pas nécessairement de même du type sans informations supplémentaires.

[43] À la suite de la publication de J. de Morgan (1897), le milieu égyptologique a commencé à parler de deux palettes. En réalité, il n'en existe qu'une comme l'a très bien démontré E. Gady (Gady E., 1992 ; Midant-Reynes B. *et al.*, 1998, p. 280, n. 52). Elle est actuellement conservée au Musée des Antiquités Nationales de Saint-Germain-en-Laye.

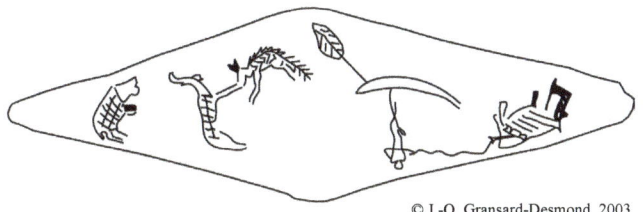

Fig. 10. Hyène attaquant un bovidé sur la Palette de Stokholm (22), vers Naqada Ic.

Fig. 11. Étiquette de la tombe U-j d'Abydos, début Naqada IIIa.

offre un exemple. Elle a été régulièrement présentée comme supportant l'image d'un canidé jusqu'à ce que D. J. Osborn et J. Osbornova[44] proposent d'y voir un lynx (*Caracal caracal*). Quel que soit l'identification, la silhouette présente un tel degré de stylisation qu'aucune caractéristique ne permet d'attribuer avec certitude une famille quelconque.

Heureusement, grâce à la morphologie et à des éléments iconographiques indépendants de la forme de l'animal, certaines images dont le dessin pouvait prêter à confusion ne posent plus aucune difficulté de lecture. Ainsi, les chiens qui ont la queue recourbée, les oreilles pendantes et la forme levrettée (critères morphologiques) et présentent ou non un collier, une laisse, une ganse (critères iconographiques) ne laissent aucun doute sur leur identification. Ce qui précède permet ainsi de clore la controverse des oreilles en « V[45] ». Le débat n'a pas lieu d'être puisque, grâce à ces critères morphologiques et iconographiques, on se rend compte qu'il ne peut s'agir que de chiens aux oreilles vues de face comme le suggéraient déjà A. Scharff[46] et H. J. Kantor[47]. Les réticences de

S. Hendrickx qui avoue « qu'on pourrait prendre les oreilles pour des petites cornes[48] » et qui, tout en abondant dans le sens de A. Scharff et H. J. Kantor, reste prudent en ne prenant pas position, sont faciles à effacer à l'aide de la palette de Stockholm (22, fig. 10). Sur cet objet datable autour de Naqada Ic comme une palette de Beit Allam[49] (20), une hyène[50] présente des oreilles en « V ». Cette observation prouve que ce type d'iconographie peut être supporté aussi par des canidés. Les ganses se retrouvent, par ailleurs, sur la coupe de Moscou (53, fig. 8) sans que l'identification *chien* porte à controverse (queue recourbée, « laisse », relation avec le chasseur). S. Hendrickx[51] mentionne même qu'une altération pourrait masquer la ganse du lévrier noir sur le disque d'Hemaka (64, milieu Ire dynastie). La remarque mérite d'être retenue car l'objet met en scène des animaux dont deux possèdent un port de queue, des oreilles et des formes qui n'autorisent, là encore, aucun doute sur leur nature canine.

Le cas des gazelles de G. Daressy sur un casse-tête de Gebelein (16, fig. 12) remontant à Naqada Ic[52] montre, là encore, la difficulté qu'il y a pour interpréter une image. Les protubérances sur la tête des animaux qu'il interprète comme des cornes, ce qui l'oblige à placer les oreilles sur le cou, pourraient tout aussi bien représenter, successivement, des oreilles et une attache de laisse. Cette hypothèse se fonde sur les représentations de la coupe de Moscou et le manche de couteau de Gebel-el-Arak (10, fig. 24), ce dernier objet étant datable de Naqada IId2 ou début IIIa[53]. Ce matériel constitue la preuve que des artistes ont peint des laisses sans colliers. Pourquoi, dans ce cas, des attaches sans laisse ni collier seraient-elles inconcevables ? Ce qui peut correspondre à une attache de laisse est visible sur un vase du Louvre (60) contemporain de Narmer. De plus, R. et J. Janssen[54] signalent, pour les périodes historiques, que les chiens étaient gardés en

Fig. 12. Lévriers d'un casse-tête de Gebelein (16), vers Naqada Ic (d'après G. Daressy, 1922, fig. 1).

---

[44] Osborn D. J. et Osbornova J., 1998, p. 112, fig. 7-190.
[45] E. Finkenstaedt (1981, p. 9) et W. M. Fl. Petrie (Petrie W. M. Fl. et Quibell J. E., 1896, p. 38) identifiaient les animaux d'une coupe provenant de Naqada (42, fig. 6) et d'un vase provenant de Diospolis Parva (43, fig. 29) à des chèvres à cause de leurs cornes.
[46] Scharff A., 1926, p. 21.
[47] Kantor H. J., 1953.

[48] Hendrickx S., 1992, p. 18.
[49] La forme losangique associée à des incisions est caractéristique des palettes de cette période (L. Watrin, com. pers., 2004).
[50] A cette époque, la hyène se reconnaît aisément à sa queue en branche et à ses poils hérissés sur le dos dont une des étiquettes de jarre de la tombe U-j nous donne un autre exemple (fig. 11).
[51] Hendrickx S., 1992, p. 26.
[52] Comme pour les palettes losangiques à décor animalier, ce casse-tête reproduit les décors typiques figurant sur la céramique *white cross-lined pottery* de la période Naqada Ic (L. Watrin, comm. pers., 2004).
[53] Si ce couteau provient d'Abydos, il est datable de Naqada IId2 correspondant aux séries contemporaines découvertes sur ce site. En revanche, s'il provient du Gebel-el-Arak, il est un peu plus tardif, remontant au début de Naqada IIIa (Watrin L., 2000, p. 1767 et com. pers., 2004).
[54] Janssen R. et J., 1989, p. 11.

laisse au moyen d'un collier comportant un anneau en métal ; or le cuivre est connu dès le Badarien. Par ailleurs, l'anneau aurait tout aussi bien pu être en bois. Ce qui précède permettrait donc d'expliquer la raison de la présence de cette protubérance au niveau du cou. Enfin, le profil avec la petite queue recourbée et les oreilles dressées en arrière est semblable à celui des lévriers de la coupe de Moscou (53, fig. 8) et du disque d'Hemaka (64). Le museau, quant à lui, est identique à celui des canidés d'un vase provenant de Diospolis Parva datable de Naqada Ic (50, fig. 41) et d'une gravure de Nag Kolorodna (4). Ces caractères correspondant à ceux des lévriers, il s'agirait donc de la représentation de chiens de type lévrier.

L'identification de l'animal de la gravure N°336 du Ouadi Abou Subeira (6, fig. 13) semble plus aisée, et pourtant... D. J. Osborn et J. Osbornova[55] le rapportent à un lion attaquant un oryx mais cela paraît improbable. En effet, non seulement l'animal ne porte pas de crinière mais en plus il a de petites oreilles pointues dressées et un collier. Ces caractères ne peuvent qu'appartenir à un chien dans une attitude qui est connue par ailleurs[56].

L'objet n° 34217 du Caire (7) provenant d'une fouille clandestine de Gebelein, est datable selon L. Watrin de Naqada IIc-d1[57]. Outre le problème de l'identification du support (cuiller ou bâton), cet objet pose aussi le problème de l'interprétation iconographique. En effet, il est impossible de trancher en faveur d'une espèce plus qu'une autre. Ici, seuls l'attitude et le profil de l'animal permettent de supposer la nature de son espèce. Pour J. E. Quibell[58], deux ibex se suivent. En revanche, J. Capart[59] et J. Vandier[60] y voient un chien poursuivant un ibex. Seule la différence entre les membres antérieurs, plus courts que les postérieurs et l'attitude (poursuite d'un animal) qui se retrouve par ailleurs[61] autorisent à reconnaître un lévrier dans cette ronde bosse, ce qui est somme toute assez faible pour une argu-

Fig. 13. Chien (variété de mastiff ?) d'une gravure du Ouadi Abou Subeira (6), d'après P. Cervicek (1974, fig. 510).

mentation. Nous pensons qu'il vaut mieux rester prudent et considérer que la différence entre les deux animaux donne juste une indication. Ainsi pouvons-nous concevoir qu'il s'agit d'espèces différentes mettant en scène un chien qui poursuit un ibex, mais nous ne pouvons l'affirmer.

D'autres objets mettent en évidence des confusions d'espèces à l'intérieur de la famille des canidés. Cependant, ces cas s'inscrivent à l'intérieur d'autres ensembles de problématiques que nous préférons ne pas aborder maintenant. Il est utile de rappeler que les canidés, et en particulier le lycaon, ont souvent été confondus avec la hyène malgré des caractères fort différents[62].

Que de chiens !

Revenons sur les critères d'identification de nos différents types. La méthode a consisté à prendre toutes les identifications, à les regrouper et à les comparer avec les éléments objectifs que nous avons dégagés précédemment (zoologie, iconographie). Au final, un panel de critères constitue notre boite à outils afin de dissocier le type lévrier, du mastiff, du pariah et des autres à venir.

Type lévrier ou basenji ?

Habituellement, les chercheurs s'accordent à reconnaître le type lévrier, et parfois même la race saluki (hypothèse sur laquelle nous ne pouvons trancher pour les raisons évoquées[63]),

---
[55] Osborn D. J. et Osbornova J., 1998, p. 114, fig. 13-107.
[56] Voir des gravures rupestres de Nag Kolorodna (4) et d'Abou Ballas (3), un vase provenant d'Abadiya (54), etc.
[57] La trouvaille de Gebelein se compose d'un ensemble homogène de matériel constitué de lames *ripple-flakes*, de deux couteaux à lame *fish tail* en forme de « V » portant sur le manche un décor de danseuses et de bateau interchangeable avec la poterie de la classe D datant de cette période.
[58] Quibell J. E., 1901, p. 132, pl. 1.7.
[59] Capart J., 1904, p. 71.
[60] Vandier J., 1952, p. 395 n. 5.
[61] Cf. un vase provenant d'Abadiya (54), le manche d'Abou Zaïdan (14), etc.

[62] Cf. chap. I.1.2. à I.1.3.
[63] Comme pour toute race, une telle identification n'a qu'une valeur hypothétique très relative (cf. chap. I.1.1.).

Fig. 14. Le peigne Davis serait le seul objet du IVe millénaire à figurer une possible représentation du chacal mais cet objet issu du marché de l'art est suspect quant à son authenticité (Metropolitan Museum of Art, n° 30.8.224).

sur une palette de Bruxelles (21), un vase de Diospolis Parva (50, fig. 41), une coupe du Caire (52), la coupe de Moscou (53, fig. 8), un vase de Bruxelles (54, fig. 23), un vase d'Abadiya (55), un vase de Khozam (58), un manche de couteau de Hiérakonpolis (13), le manche de Pitt-Rivers (15), ou encore la palette de Hiérakonpolis (32) et un vase du Louvre (60). À cette liste, s'ajoutent bien souvent une gravure de Nag Kolorodna (4) et le disque d'Hemaka (64).

À ce corpus nous ajouterons, premièrement, un casse-tête provenant de Gebelein (16, fig. 12) pour les raisons que nous avons déjà mentionnées. La parenté de l'image avec celle de lévriers parfaitement reconnaissables ne laisse aucun doute. Deuxièmement viennent s'ajouter les canidés d'une coupe de Naqada (49, fig. 9) bien que D. J. Osborn et J. Osbornova les prennent pour des pariahs. Par comparaison avec toutes les autres représentations suscitées, il ne peut en être ainsi. C'est donc cette coupe qui nous présente la première attestation du type lévrier (Naqada Ic). Une gravure de Karkur Tahl (5) s'insère également dans la liste. Fait surprenant : alors que D. J. Osborn et J. Osbornova décrivent le galop volant du canidé, ils identifient l'animal comme étant un pariah. Il ne peut s'agir de ce type car seul le lévrier possède cette particularité du galop volant[64]. Enfin, la palette de Minshat Ezzât (33, fig. 15), datable de Naqada IIIb[65], est le dernier objet récemment découvert présentant ce type. Par ailleurs, nous excluons de ce corpus les chiens des rangs A6, A8 et B4 du manche d'Abou Zaïdan (14) car les formes ne sont pas assez précises pour qu'il soit possible de trancher entre lévrier et basenji. Quant au peigne Davis (fig. 14), les doutes qui planent sur son authenticité nous engagent à le laisser de côté. Récemment mis en cause de manière argumentée par L. Watrin, plusieurs critères développés par ce chercheur dans une étude à venir[66] nous invitent à rejeter cet objet. L'un des principaux arguments qui a retenu notre attention est celui du groupe composé par l'échassier et le serpent. Comme le note L. Watrin, le thème de l'échassier tenant dans son bec un serpent se retrouve sur d'autres documents comparables datés de la même époque (Naqada IId-IIIa) dont l'un provient de fouilles (manche de couteau d'Abou Zaïdan : 14). Sur le peigne Davis, le serpent n'est plus dans le bec de l'échassier mais flotte dans l'air devant lui de chaque côté

---

[64] Suspension complète de tous les membres pendant une fraction de seconde (cf. Przezdziecki X., 1984, p. 222).
[65] Le matériel associé à la palette de Minshat Ezzât n'est pas publiée. Une datation Naqada IIIb s'explique par la présence des deux animaux fantastiques au long cou typique de cette période (L. Watrin, comm. pers., 2004).
[66] Watrin L., à paraître sept. 2004.

de l'objet. Ce détail ainsi que d'autres (thème de l'éléphant posé sur un serpent au lieu de deux) indiquent, pour L. Watrin, que cet objet est un faux moderne dont le modèle principal mal interprété par le faussaire serait le manche de couteau d'Abou Zaïdan (14).

Force est donc de constater que les identifications ne se font pas sans mal pour ce type de chien. Les formes artistiques ne correspondent pas toujours exactement aux échantillons témoins que sont nos animaux modernes. Seuls les chiens de la palette de Hiérakonpolis et de Minshat Ezzât (32, fig 15) présentent des caractéristiques identiques à celles du groupe à poils courts dans le genre de l'azawakh, et non à poils longs comme nous l'avions écrit[67] ce qui explique que les poils ne soient pas représentés. Toutes les autres représentations diffèrent légèrement : la queue est enroulée comme chez le basenji. D'ailleurs, la forme artistique du lévrier pourrait être confondue avec la morphologie du basenji, connue par ailleurs[68], si la forme élancée de ces chiens et les oreilles des lévriers du disque d'Hemaka n'étaient venues à notre secours. À la différence du lévrier, le basenji possède une ossature plus massive et ramassée. De plus, les oreilles des lévriers du disque d'Hemaka sont bien représentées dressées, longues et triangulaires, caractéristiques du lévrier d'Afrique actuel dont le chien est peut-être l'ancêtre. Ces différences ont déjà marqué les chercheurs qui se demandent, à l'image de D. J. Brewer, si les modifications « *represent a different type of greyhound or change in artistic convention*[69] ». Ce qui est certain, c'est que cette représentation avec la queue enroulée deviendra l'idéogramme du tchesem et qu'il s'agit bien d'un lévrier.

Au final, il ressort de cette longue liste que le type lévrier se présente, dans l'iconographie, sous deux formes. L'une a des oreilles dressées pointues et une petite queue enroulée. L'autre a des oreilles tombantes à la terminaison arrondie et une queue pendante (saluki). Les deux ont un corps élancé présentant un profil type né de la différence de dimension entre les membres antérieurs et postérieurs (type levretté). Enfin, si le lévrier est identifié pour la première fois au Naqada I dans l'artisanat du mobilier, il semble que ce n'est qu'à partir

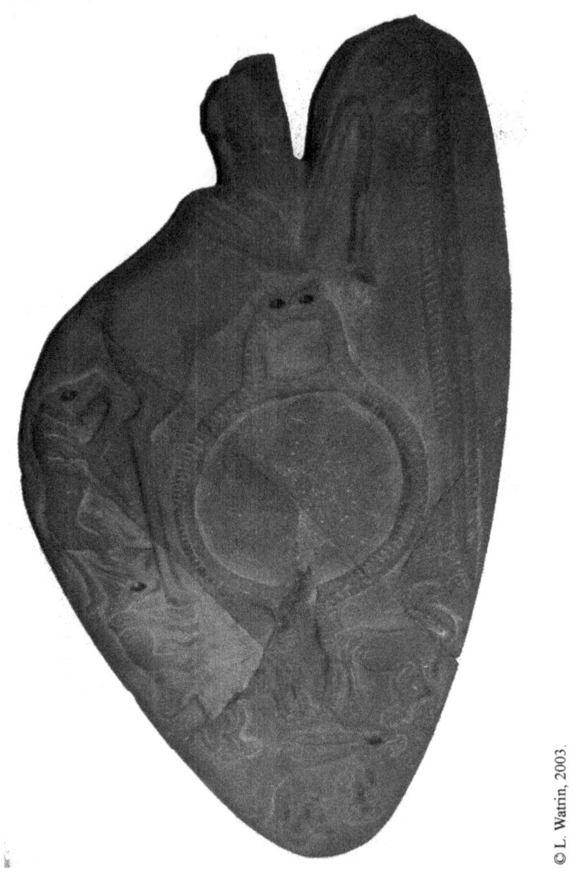

Fig. 15. Lévrier à poils courts sur la palette de Minshat Ezzât (33), Naqada IIIb (Musée du Caire).

de Naqada II qu'il apparaît dans l'iconographie rupestre selon H. A. Winkler[70] et D. J. Osborn et J. Osbornova[71].

Le type dit « pariah »

Pour plus de facilité, nous garderons cette appellation malgré les avertissements que nous avons présentés lors de la question du marronage.

D. J. Osborn et J. Osbornova, de même que S. Hendrickx, identifient le pariah successivement sur des gravures de Qasr el-Banat (1) et du Ouadi Abou Wasil (2), sur un œuf incisé (63, fig. 16), sur une figurine en silex (55), que W. M. Fl. Petrie avait déjà identifié comme tel, sur la peinture de la tombe 100 de Hiérakonpolis[72] (36)

---

[67] Gransard-Desmond J.-O., 2002, p. 63.
[68] Statuette du musée de Berlin (Cf. Scharff A., 1929, p. 260, pl 36 et 834).
[69] Brewer D. J. *et al.*, 1994, p. 116.
[70] Winkler H. A., 1939, pl. XII, 1.
[71] Osborn D. J. et Osbornova J., 1998, p. 56.
[72] D. J. Brewer (Brewer D. J. *et al.*, 1994, p. 116) donne le même type mais X. Przezdziecki (1984, p. 23) y reconnaît un lévrier en accord avec H. et D. Waters qu'il cite. Nous préférons accorder crédit au type pariah car il présente une longue queue légèrement recourbée pour des oreilles dressées, ce qui n'est pas le canon des lévriers des époques prédynastiques (cf. *supra*).

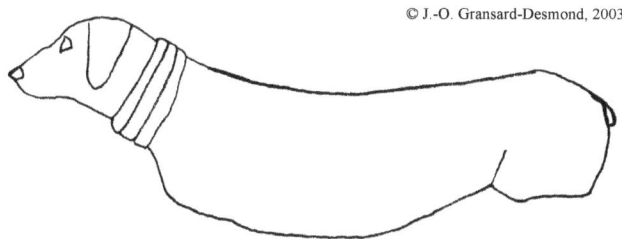

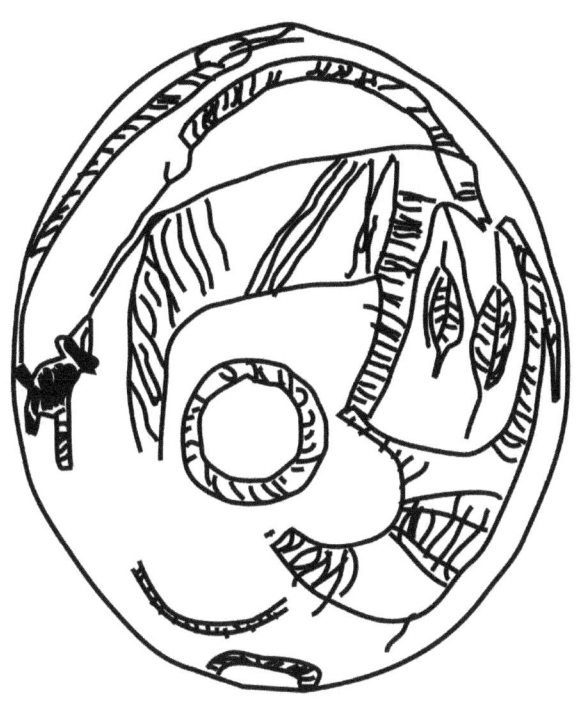

Fig. 16. Œuf incisé (63), Naqada Ic (d'après Leclant J. et Huard P., 1980, fig. 3).

Fig. 17. Une statuette de Hiérakonpolis (45) figurant un mastiff, Naqada IIIb-début IIIc (règne de Narmer).

Fig. 18. Mastiff de la tombe 58 c4 d'Abousir El-Mélek (43), Naqada IIIb (Ägyptisches Museum de Berlin, n°18608).

datable de Naqada IIc-d1[73], sur le manche de couteau de Gebel-el-Arak (10, fig. 24), sur celui de Carnarvon (11) et de Gebel Tarif[74] (12).

Mis à part les graffiti rupestres difficilement datables, la première attestation du type pariah se révèle au Naqadien Ic[75] sur l'œuf incisé conservé à l'Oriental Institute (63, fig. 16). Comme pour le lévrier, ce type rassemble deux groupes de chiens. Nous trouvons, dans un premier temps, des chiens au museau court et épais, avec des oreilles dressées et une longue queue recourbée sur le dos. Dans un second temps, ce sont des chiens au museau court et pointu, avec de petites oreilles dressées et une petite queue dressée. Dans les deux cas, les membres sont d'égale longueur dans l'ensemble bien que certains aient les membres antérieurs plus courts que les postérieurs (gravure du Ouadi Abou Wasil : 2). Était-ce la volonté de l'artiste ? Voulait-il mettre en valeur la physionomie de l'animal ? Était-ce pour exposer la très grande diversité du type ? À moins qu'il ne s'agisse d'une mauvaise interprétation de notre part, il est, à l'heure actuelle, impossible d'approcher correctement ces données[76].

Le type mastiff

D. J. Osborn et J. Osbornova reconnaissent le mastiff sur un sceptre provenant de Hiérakonpolis[77] (41) et un groupe de statuettes provenant d'Abousir El-Mélek (43, fig. 18), ce qu'avait déjà fait L. Chaix[78]. Ils le reconnaissent aussi dans une statuette de Hiérakonpolis contemporaine du règne de Narmer[79] (45, fig. 17), après A. Houtart[80]. Il convient d'ajouter à cette liste un vase d'Hammamiya (59). À partir d'une coupe C64 datable du milieu de Naqada I mise au jour

---

[73] Les décors de bateaux reproduisent ceux de la poterie de classe D, d'époque Naqada IIc-d1. On y découvre aussi le thème mésopotamien du Maître des animaux qui apparaît pour la première fois en Égypte. L'époque Naqada IIc-d1 est celle des échanges actifs de marchandises avec la Mésopotamie confirmant une datation de la tombe 100 dans cette période (Watrin L., à paraître, b).
[74] Le manche de couteau de Carnarvon et celui de Gebel Tarif doivent être datés de Naqada IId2-début IIIa par comparaison avec l'iconographie typique de la glyptique de Suse II des niveaux contemporains : thème du serpent entrelacé et de l'animal ailé fantastique (Watrin L., à paraître, b).
[75] Cette datation repose sur la comparaison avec d'autres œufs incisés découverts en contextes datés de la période Naqada Ia-IIa (Maadi, Naqada), et du thème d'un chien poursuivant des bovidés typique de Naqada Ic.

[76] Cf. chap. II.2.1.
[77] J. Leclant et P. Huard (1980, vol. 1, p. 277) mentionnent que c'est H. Epstein (1917, fig. 94) qui l'identifia ainsi le premier.
[78] Chaix L. *in* : Bonnet Ch. *et al.*, 1992, p. 38.
[79] Cet objet fait partie du mobilier du *Main Deposit* de Hiérakonpolis dont la quasi totalité, selon L. Watrin, se rattache au règne du roi Narmer.
[80] Houtart A., 1934, p. 31-32.

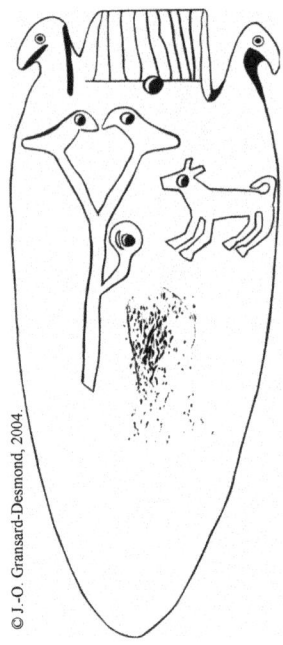

Fig. 19. Palette de la collection Barbier-Mueller (Genève).

par W. M. Fl. Petrie (56), sur laquelle on pourrait reconnaître aussi le type mastiff du fait des proportions de la figure (massivité de la tête et petitesse de la queue), la première attestation remonterait au début du Naqadien. Toutefois, aucun indice clair ne permet de voir cette représentation comme celle d'un chien. Dans le cas contraire, et c'est celui que nous préférons considérer pour le moment, c'est le vase de classe D d'Hammamiya qui en donne la première attestation (Naqada IIc-d1). Les chercheurs reconnaissent à ce type une antériorité sur le type lévrier qui nécessiterait une connaissance plus aboutie de l'élevage. Si cela se vérifiait, il ne serait pas surprenant que des représentations plus anciennes voient le jour, suite aux fouilles en cours.

Il ressort que le type mastiff apparaît sous la forme d'un chien aux longues oreilles pendantes, au museau court et épais et à la petite queue tombante. Ses membres sont d'égales dimensions et ses formes sont massives.

D'autres types ?

D'autres représentations de chiens, reconnus grâce aux éléments anthropiques, semblent appartenir à des types différents. Malheureusement, ces types restent inconnus dans l'état actuel des recherches. Ainsi, une statuette provenant de la tombe de Djer à Abydos (44) présente une longue queue en sabre (malheureusement la tête n'est pas conservée). Cela signifie-t-il qu'il existait d'autres types de chien en Égypte aux époques naqadiennes ? Très certainement car le lévrier, en particulier, est l'aboutissement d'un élevage sélectif parfaitement maîtrisé. Il descend donc d'autres types qui ne pourront être identifiés sans de nouveaux éléments iconographiques.

De plus, D. J. Brewer[81] signale que, sur les gravures rupestres[82], une variété de chien offre un cou et des membres courts, de longues oreilles et une queue dressée. Cependant, comme nous l'avons déjà dit pour le lévrier, nous n'avons actuellement aucun moyen pour savoir si ces différences sont dues à une réalité zoologique ou à des changements artistiques. Devant un tel problème, nous préférons ne donner aucune marque d'antériorité à telle ou telle représentation. Il est préférable de laisser le soin de ce travail à ceux qui auront les moyens de dissocier les types.

Suivant les listes présentées, il ne fait aucun doute que si la représentation peut être tronquée comme c'est le cas en partie pour les lévriers (absence des poils), l'artiste respecte toujours la réalité anatomique de l'animal. C'est pourquoi nous n'avons pas inclus dans ce corpus une palette de la collection privée Barbier-Mueller de Genève (fig. 19). Celle-ci met en scène un chien, reconnaissable à sa queue enroulée, qui présente des membres ployés de manière maladroite, des pattes tronconiques et d'autres éléments aberrants pour l'époque préhistorique. Parmi ceux-ci, L. Watrin nous a aimablement signalé le curieux perchoir montrant deux faucons affrontés très différents des marques de poteries d'El-Beïda (Naqada IIIb) qui ont très certainement servies de modèle[83]. De fait, L. Watrin[84] suggère qu'il s'agit d'un faux comme nous le pensons également.

Sa place auprès de l'homme

Quelle que soit la forme sous laquelle est traité le chien, il est évident qu'elle a pour cause l'homme. N'oublions pas que le chien est le produit de l'homme, nous n'insisterons jamais assez là-dessus. Toutefois, au vu de la documentation, force est de constater que trois grands ensembles se distinguent. Le premier présente l'animal comme source d'énergie (nourriture) pour l'homme dans un contexte funéraire. Dès lors, la question qui se pose est de savoir si, oui ou non, le chien fut consommé durant la préhistoire égyptienne par la population. Le second ensemble propose le chien toujours mis en scène par l'homme mais pour lui-même

---

[81] Cf. Brewer D. J. *et al.*, 1994, p. 116.
[82] D. J. Brewer se fonde, pour cela, sur la gravure M213a du site 26 du Ouadi Abou Wasil (5) pour laquelle il n'associe pas l'image du chien à celle d'un pariah.
[83] Cf. Clédat J., 1913, fig. 3-4.
[84] Watrin L. (à paraître sept. 2004).

cette fois. Le chien devient le principal élément de la mise en scène funéraire. Le troisième ensemble, enfin, propose une forme où le chien est mis en scène par l'homme, et pour l'homme. Avant de présenter les rapports que l'homme et le chien entretiennent dans la mort, il convient de préciser quelques notions fondamentales sur la nature même de l'enfouissement.

La nature de l'enfouissement

Il est nécessaire de mettre au clair la nature des enfouissements. Si l'affirmation, comme quoi l'enfouissement n° 5113 du cimetière 5100 de Badari (75) est une sépulture (la plus ancienne), ne pose aucun doute, il n'en va pas de même de tous. Et d'abord, quelle différence faisons-nous entre enfouissement, sépulture et dépotoir ?

Avant de poursuivre, il serait nécessaire d'établir cette différence en expliquant ces termes. Le terme *enfouissement* désigne l'action de mettre en terre sans que soient connues les motivations de l'acte. En revanche, il sera question d'inhumation (action de déposer un cadavre quel qu'il soit dans la terre), de sépulture ou tombe (lieu d'inhumation), de dépotoir (lieu de rejet des rebuts), de fosse de fondation (lieu où ces objets, liés à un rite en relation avec une construction, sont déposés)… quand l'intention sera manifestée. Ainsi, l'assertion ci-dessus ne pose aucun problème en ce sens que la tombe présente bien le signe d'une intentionnalité religieuse : l'individu chien est enroulé dans une natte. Si nous insistons sur la nature de l'enfouissement, c'est qu'il était et qu'il est encore fréquent de mettre sous le terme de *sépulture* des structures ne présentant aucun élément significatif. Ainsi, le raisonnement suivant ne peut se concevoir : une structure permet de mettre au jour un chien ; il existe des sépultures de chiens ; donc il s'agit d'une nouvelle sépulture. Sans un cadavre en connexion parfaite, marque d'une inhumation, ou un individu (complet ou partiellement conservé) associé à un dépôt d'offrande ou toute autre intention signalée (natte recouvrant le corps, tombe maçonnée, etc.), il est impossible d'affirmer qu'il s'agit bien d'une tombe ancienne ou moderne. Un exemple de ce problème est illustré par l'enfouissement d'un chien près de la nécropole Ouest de Maadi (67). La fosse, bien qu'isolée du cimetière, en est très proche. Elle ne contient aucun mobilier ni matériel quelconque (natte). Cependant, un individu complet y est enfoui. La tentation d'y voir une sépulture est alors grande, d'autant que la structure est à proximité du cimetière. Pourtant, les égyptologues sont, cette fois, restés prudents en désignant cette structure comme fosse.

L'exemple de Maadi est intéressant parce qu'il pose le problème de la nature de la structure. S'il est impossible d'affirmer qu'il s'agit d'une sépulture alors de quoi s'agit-il ? D'une fosse dépotoir ? Si tel est le cas, pourquoi ne s'y trouve-t-il qu'un individu sans plus de matériel ? L'acidité du terrain ne peut être avancée comme responsable de la détérioration du matériel puisque les os de l'animal ont été conservés. De même, le dépôt d'un crâne à El Kadada, dont l'intentionnalité est manifestée par trois vases le recouvrant parfaitement, pose un problème identique mais pour des raisons différentes. La datation de la structure restant inconnue[85], nous ne savons si elle est contemporaine du cimetière dans lequel elle se situe. Le contenu n'ayant permis de mettre au jour qu'un crâne avec trois vases, est-il permis de parler de tombe ? On peut en douter quand on compare avec les sépultures individuelles connues et les autres types d'inhumation de crânes. S'il est justifié de mentionner un caractère intentionnel à ce dépôt, opérant une différence avec une simple fosse dépotoir, il est délicat d'affirmer qu'il s'agit d'une tombe. Nous nous retrouvons, dans ce cas, face à une impasse à laquelle les documents des pages suivantes fourniront, peut-être, une issue.

Consommation ou non ?

Si le chacal, ou d'autres canidés, et la hyène ont pu servir au repas de l'égyptien préhistorique, ce qui reste à démontrer[86], qu'en est-il du chien ? Il est vrai que ce dernier fait, ou a fait, partie du menu en Amérique, en Mélanésie… et aussi en Afrique. Le fait est relevé par A. Gautier[87]. Malheureusement, il n'indique pas plus précisément s'il s'agit de tout le continent africain, et s'il inclut l'Égypte, ou juste des pays d'Afrique Noire. Il ne donne pas non plus le nom, ni aucune précision, sur le site qui aurait fourni les éléments justifiant son propos sur la consommation de chien comme nourriture. Plus précises sont les indications fournies par A. T. ElMahi[88]. Elles reposent sur des observations de voyageurs et d'ethnologues* du XIXe et XXe siècle. Ainsi, R. Gaillie[89]

---

[85] Cf. Bonnet Ch. *et al.*, 1992, p. 26.
[86] Cf. chap. III.2.1.
[87] Gautier A., 1990, p. 121.
[88] ElMahi A. T., 1988, p. 44.
[89] Gaillie R., 1830, I : 433 ; II : 4, 79, 150.

Fig. 20. Sépulture de chien à Hélouan (69), début Ire dynastie (Saad Y. Z., 1947, pl. 73)

rapporte que la tribu des Bambara (Ouest de l'Afrique) engraisse ses chiens dans le but de les consommer. B. C. Briggs[90] observe des usages cynophagiques* semblables dans des oasis du Soudan Central. Le chien a bien été consommé en Afrique y compris dans certaines régions de l'Est du continent (Soudan). Toutefois, ces récits ne correspondent qu'à des périodes modernes. De plus, c'est principalement dans un contexte funéraire que le chien est connu pour la préhistoire égyptienne[91]. Il est vrai, cependant, qu'il serait bon de savoir dans quel contexte ont été retrouvés les quelques 508 fragments de *Canis familiaris* à Mérimdé-Bénisalamé (65). En effet, il semble que ce soit le seul site qui pourrait offrir des renseignements sur la découpe des animaux (si découpe il y a eu) et donc des informations sur l'utilisation de ces morceaux. Il est à noter qu'aucune trace de découpe n'est jamais mentionnée dans les rapports de fouilles, même dans le cas de pièces isolées (crâne, scapula). N'y en avait-il pas ou les égyptologues de l'époque ne s'y sont-ils pas intéressés ? Le dernier cas reste le plus probable. Cependant, J. Bœssneck, A. Gautier, pas plus que d'autres spécialistes des questions archéozoologiques ne mentionnent des traces de découpes. Aussi peut-on supposer qu'aucune trace n'a pu être identifiée ; du moins sur les individus étudiés par ces spécialistes.

Où le chien gît pour son compte

Tout au moins, est-il permis de suggérer que le chien occupe la place principale dans l'ensemble que nous allons présenter, sans que l'homme ne soit intervenu pour autre chose que la mise en scène (sépulture, dépôt, etc.). Peut-être que le caractère solitaire qui ressort de ce type d'enfouissement permet de représenter une entité canidé à face domestique. Le problème, et l'intérêt du sujet, est de connaître sa ou ses valeurs, pour la circonstance, car les manipulations humaines sont très hétérogènes. Elles recouvrent différentes pratiques qui se découpent, toutefois, en deux groupes : enfouissement d'un individu complet qu'il soit unique ou multiple, et enfouissement de morceaux.

Les enfouissements d'individus complets, qui se rencontrent tant en Égypte qu'en Nubie (on constate une concentration autour de Naqada Ia-IIa), peuvent avoir lieu autant dans une nécropole comme à Badari (75), Héliopolis (66), Ouadi Digla (68), Harageh (73) et à Hélouan (66, fig. 20) que dans un habitat comme à Adaïma (81). Ils peuvent comporter un ou plusieurs individus avec ou sans mobilier. La majorité des animaux, dont l'âge a été estimé, est formée par des adultes. Comme le fait remarquer W. van Neer, « il est difficile de dire si ces enterrements séparés de chiens marquent aussi une expression d'affection ou de l'estime pour ces animaux [...] puisque d'autres espèces telles chèvres, moutons et, parfois, porcs[92] » bénéficient d'un ensevelissement semblable. Qui plus est, il suggère que ces structures sont, dans le cas de celles découvertes en zone d'habitat, la résultante de sacrifices ou rites liés à la fondation de bâtiments ou, plus, de la zone d'habitat concernée. Il se fonde, pour cela, sur le fait que la contemporanéité entre sépulture animale et cimetière est très rare. Il poursuit en soulignant

---

[90] Briggs B. C., 1960.
[91] Cf. *supra* pour les questions sur la nature de l'enfouissement.

[92] Midant-Reynes B. et Buchez N., 2002, p. 543.

que d'autres sites, comme Adaïma, mettront peut-être en valeur le rapport entre zone d'habitat et zone habituelle des sépultures animales. Si cela se trouvait vérifié, il faudrait replacer ces modes d'enfouissement dans la partie où l'animal « agit » pour l'homme. À l'hypothèse de W. van Neer, cependant, il faut confronter le cas de la sépulture d'Hammamiya (76). En effet, celle-ci pose un problème en regard de l'hypothèse formulée. Il ne peut s'agir d'une fosse ayant servi de dépotoir puisqu'un mobilier spécifique y a été mis au jour. Il n'est pas question non plus d'une sélection des morceaux, et le parallèle avec Abydos (77) et Naqada (79) ne peut être réalisé, car à Hammamiya, les individus sont complets. Par le nombre important d'individus, il est délicat de parler de rites de fondation d'autant qu'il s'y trouve des âges très divers à la différence d'Adaïma. Un autre contre-exemple à la théorie de W. van Neer est celui des tombes du cimetière 17 de Khor Bahan[93] (86). Pas moins de onze sépultures de chiens y ont été recensées sachant que certaines regroupaient jusqu'à cinq individus dans une même tombe. Les animaux étaient enveloppés dans des nattes, pour la plupart, et un matériel plus ou moins abondant accompagnait certaines tombes. Il est intéressant de remarquer que les enfouissements ne rassemblaient jamais d'individus complets différents dans la même sépulture (il en est de même à Héliopolis[94]). La tombe n° 8 de ce cimetière attire tout de suite l'attention car elle présente, outre un matériel riche, des os d'un animal sacrifié qui n'est pas un canidé. La sépulture révèle donc des pratiques funéraires identiques à celles d'un être humain. F. Debono et B. Mortensen le notaient déjà à Héliopolis par la phrase suivante : « [...] *it is unlikely that every dog or goat was given funerary honours like a human being.*[95] » Mais le dépôt d'offrande alimentaire pour des chiens, s'il s'agit bien de cela, restait encore inconnu, ce qui est toujours le cas pour l'Égypte.

Une autre pratique, qui semble se cantonner à une zone géographique bien précise (Haute-Égypte, Nubie), consiste à inhumer des morceaux de chiens. Cet usage diffère de celui que nous verrons plus loin où les morceaux sont associés à une sépulture humaine. Au moins pouvons-nous être assuré qu'il ne s'agit pas d'offrandes alimentaires assurant la vie de la personne dans l'au-delà. Le nombre restreint de sites[96] rend toute tentative de compréhension délicate. Heureusement, le choix des morceaux est homogène : il s'agit toujours de crânes. Leur nombre, en revanche, varie : il peut y avoir un individu (El Kadada) ou plusieurs (Abydos, Hiérakonpolis). Pour chacun, l'intentionnalité reste manifeste. À El Kadada qui présente les dépôts funéraires de canidés les plus anciens, c'est la disposition de trois vases, recouvrant parfaitement le crâne, qui marque l'intention. À Hiérakonpolis (82), la structure n° 5 de la nécropole dite *Locality 6* appartenant à une élite contemporaine de la fin Naqada IIIa-IIIb[97] a été identifiée comme une tombe. Bien que nous n'en connaissons pas les raisons, les différents vestiges céphaliques qui y furent retrouvés présentent une intention marquée par le regroupement de plusieurs morceaux spécifiques d'individus différents. À Abydos (77, milieu Ire dynastie), la chambre est construite en briques, signe intentionnel parfaitement clair. Dès lors, beaucoup de questions viennent à l'esprit. L'origine du rituel proviendrait-elle de Nubie (aucun exemple en Égypte n'est connu avant la tombe 5 de Hiérakonpolis) ? Bien qu'on ne puisse mettre en doute la sélection de parties de l'animal, pour quelles raisons aucune trace de découpe n'est-elle mentionnée dans les publications, même récentes ? Évoquant la sélection, pourquoi les égyptiens ont-ils choisi le crâne plus que toute autre partie ? Formait-il la partie du tout ou était-il la partie du corps la plus importante ? Existe-t-il une différence entre l'enfouissement d'un individu et l'enfouissement de plusieurs ? La thèse de W. van Neer au sujet d'éventuels rites de fondation trouve, dans le cas d'El Kadada, un écho. Des sépultures individuelles étant connues en Nubie, il n'y a donc pas de raisons de voir dans cet enfouissement une simple tombe. Toutefois, il serait bon de mieux connaître le contexte (contemporanéité des ensembles, présence d'un bâtiment) que la suite du chantier devrait nous fournir. Par ailleurs, qu'en est-il des structures

---

[93] Alors que G. Reisner (1910, p. 139) était incertain sur la datation à adopter, L. Watrin (com. perso., 2004) nous signale que certaines tombes peuvent être datées. Ainsi la tombe 69 comprenant la sépulture de deux chiens est sise à la tombe 68 qui peut être datée grâce à l'ensemble de son matériel typique de la culture de Naqada Ic-IIa (*beaker* B25n, palette losangique, couteaux *fish-tail* en forme de « U »).
[94] Les chèvres d'Héliopolis bénéficient du même traitement que les chiens mais ne sont pas mélangées avec ces derniers ce qui fait dire à F. Debono et B. Mortensen (1988, p. 39) que « *these were probably selected animals* ».
[95] Debono F. et Mortensen B., 1988, p. 39.

[96] Seulement trois sont connus : Abydos (77), Hiérakonpolis (82) et El Kadada (Bonnet Ch. *et al.*, 1992, p. 26).
[97] Toutes les tombes n'ont pu être datées sur ce cimetière. Cependant, la tombe T-10 et T-11 peuvent être datées de la fin de Naqada IIIa (présence de nombreux W62 dans la T-11) et la T-1 de Naqada IIIb (L. Watrin, com. pers., 2004).

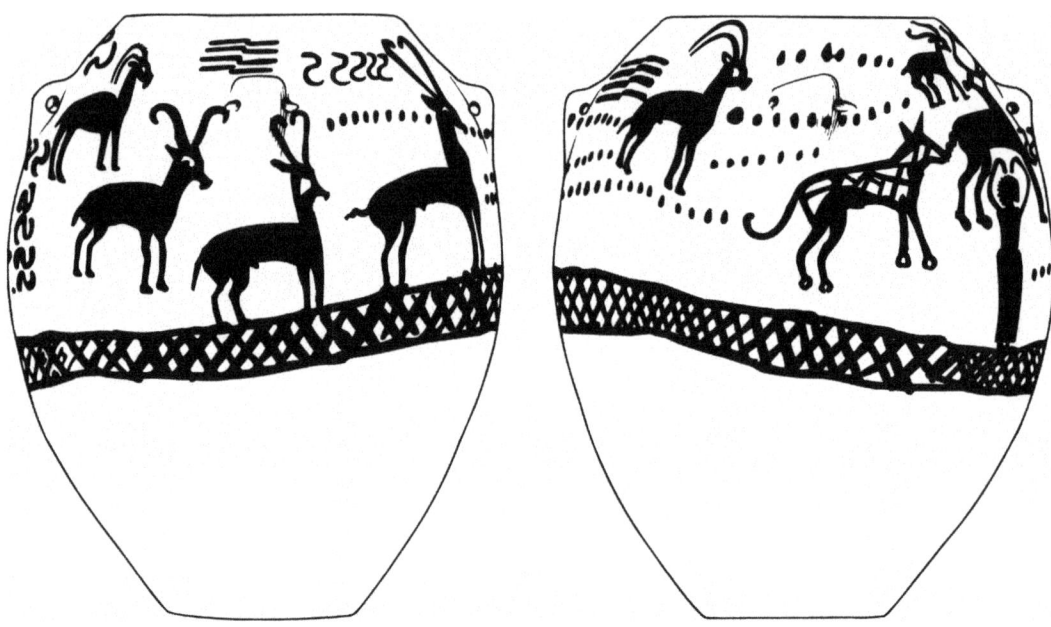

Fig. 21. Pariah poursuivant un ongulé sur une jarre D50 d'Abydos (57), Naqada IIc-d1 (Payne J. C., 2000, fig. 44.873).

renfermant plusieurs individus ? Au vu de la période considérée à Abydos, pourrait-il s'agir des premiers rites liés à une divinité canine quelconque ? Il serait intéressant de revenir sur cette question dans le cadre d'une étude sur les temps dynastiques afin de savoir si cette pratique était en vogue à ce moment.

Il faut noter aussi le déficit d'indication sexuelle de l'animal. S'il est toujours question de chien, espèce dont le féminin ne pose aucune difficulté à la différence des autres, son sexe n'est jamais véritablement mentionné, y compris dans les rapports des archéozoologues. Bien que l'os pénien, présent chez tous les carnivores, soit très petit, fragile et rarement retrouvé[98], d'autres moyens sont connus pour identifier le sexe des animaux. Ainsi trouvons-nous, dans l'ouvrage de J. Bœssneck et A. von den Driesch, la mention suivante : « a) Pelvis 829 [symbole masculin], LA 23,5 » et plus bas « c) Pelvis 8450, [symbole féminin], LA 28, LAR 26[99] » à propos des restes osseux de gazelles dans la nécropole d'Éléphantine. En revanche, les descriptions ostéologiques des canidés qui suivent ces informations ne comprennent point ces indications, pas plus que celles concernant le renard. Nos canidés ne sont nullement sexués, y compris quand le pelvis est retrouvé, ce qui est dommage car de nouvelles informations pourraient apparaître à la lecture de cette donnée.

Toutes les pratiques très différentes que nous avons détaillées, dans leur forme du moins, attestent d'un fond commun : l'importance du chien au sens générique. S'il existe des sépultures individuelles pour de nombreux autres animaux (bovins, oiseaux, etc.), aucun ne fait les frais d'une sélection des morceaux en dehors d'une association à l'homme. Cette attention lui confère un statut à part des autres animaux domestiques. Il le met à l'égal de l'homme quand bien même nous en ignorons les raisons. Peut-être est-ce en récompense de sa bravoure (guerre, chasse) ou de sa fidélité. Si tel est le cas, le chien est vraiment inhumé pour lui en tant qu'être vivant comme un homme, et non pour l'homme. C'est ce dernier état que nous allons maintenant aborder.

Où le chien est l'homme

Il convient, auparavant, de revenir sur la signification, entendu dans ce livre, de *agir pour l'homme*. Ici, l'action n'est pas forcément physique. Bien sûr, elle peut marquer le statut social d'un individu au sein d'une communauté. Outre cet aspect statique, elle peut aussi marquer le statut culturel d'une communauté voire de l'humain, dans un sens générique, par rapport à son milieu (domestique/sauvage et civilisé/barbare). Dans chaque cas, l'animal est l'image de l'homme. Que cela ait été conscient ou non,

---

[98] La grotte du Collier, en France, a permis aux archéozoologues de mettre au jour des os péniens de chiens mais cela reste rare (I. Carrère, com. pers.).
[99] Bœssneck J. et Driesch A. von den, 1982, p. 21.

Fig. 22. Chasse au cerf de Çatal Hüyük (musée Hittite d'Ankara, 7000 av. J.-C.).

l'animal est devenu une projection de l'homme sur le plan culturel et social.

L'aspect actif

En tant qu'objet fabriqué par l'homme, en tant qu'animal à caractère *domestique*, il est une image de l'univers humain. À ce titre, le chien contient un aspect actif. Comme le dessin d'un arc marque la présence de l'homme et son rôle dans l'ensemble de la scène, la figuration du chien manifeste la présence de l'homme et son action dans la scène. Le chien n'étant pas comme l'arc un objet inerte, il peut agir sur l'univers figuratif dans lequel il évolue. Il devient alors le prolongement de l'homme, sa symbolisation agissante que ce dernier soit présent, cas d'une jarre d'Abydos (57, fig. 21) datable de Naqada IIc-d1[100], ou absent. L'exemple le plus représentatif du dernier cas nous est offert par les chiens, reconnaissables à leur petite queue dressée, figurant sur un vase de classe P conservé à Bruxelles (54, fig. 23, vers Naqada Ic). Ces chiens portent un élément long, quadrangulaire qui pend de leur cou. Cet élément est une laisse car si l'artiste avait voulu représenter une des jambes, nous en aurions retrouvé une autre sur la partie postérieure, comme on le voit sur de nombreuses représentations[101]. Ainsi, quelle que soit la nature de la scène (chasse ou scène pastorale), l'animal est relié à l'homme par la laisse : il en est une émanation.

Chasse ou activité pastorale ?

Il est intéressant de noter que le contexte des

Fig. 23. Le chien symbolise l'homme (54), c. Naqada Ic (Pierini G., 1990, fig. 289).

Fig. 24. Manche de couteau de Gebel-el-Arak (10), fin Naqada IId-début IIIa.

scènes où le chien possède un rôle actif semble cantonné à un type de représentation : scènes de poursuites d'animaux. Si aucune précision n'est donnée sur la nature de ces poursuites, c'est qu'il est nécessaire d'établir ce à quoi elles correspondent.

Souvent prises pour des scènes de chasse, ne faudrait-il pas plutôt les comprendre comme la figuration du gardiennage ou du confinement de troupeaux ? Si le chien peut poser sa gueule ou sa patte sur l'animal poursuivi, nous connaissons d'autres motifs que la mise à mort pour expliquer cette attitude. N'a-t-on jamais vu les chiens de bergers mordre les pattes ou le postérieur des moutons pour les faire rentrer dans le troupeau ? D'autre part, le nombre de chiens dans ces représentations ne correspond pas au nombre habituel des images de chasses. Fait banal en apparence, il est surprenant de constater que, dans ces dernières, un chien ou une meute avec son maître, voire une meute sans l'image de l'homme, poursuit un nombre supérieur ou égal d'animaux[102]. Dans les cas qui nous intéressent, où le thème de la chasse est sujet à caution, le nombre des chiens est inférieur

---

[100] Cette jarre D50 est un vase à 4 anses triangulaires dérivant de modèles mésopotamiens qui ne sont connus que dans des contextes de cette période. (L. Watrin, com. pers., 2004).
[101] Voir par exemple une gravure rupestre du Ouadi Abou Wasil (2), une coupe de Naqada (49, fig. 9), un vase de Khozam (58), etc.

[102] Parfois, le chien met l'animal à terre comme sur la gravure n° 336 du Ouadi Abou Subeira (6, fig. 13).

à celui des animaux poursuivis. Enfin, les types d'animaux poursuivis (oryx, mouflons, bétail) ne sont pas véritablement représentatifs d'une chasse puisqu'il s'agit d'animaux domestiques, ou du moins apprivoisés*[103]. Des exemples de ces scènes se trouvent autant sur les vases[104] que sur les manches de couteau comme celui de la tombe 32 d'Abou Zaïdan (14), datable du début de Naqada IIIa[105], ainsi que sur d'autres supports comme un modèle de maison du Royal Ontario Museum (19) qui remonte aux environs de Naqada Ic[106]. Pour toutes ces raisons, nous préférons considérer ces scènes comme des représentations d'activités pastorales (confinement, gardiennage) plutôt que des chasses.

Toutefois, la remarque ne vaut pas pour toutes les scènes de poursuites. Certaines gravures rupestres en offrent un bon exemple car elles ne présentent aucune équivoque sur la nature de la représentation qui traite bien d'une chasse[107] : l'animal est avec le chasseur qui porte un arc ou un bâton de jet[108]. Pourtant, une question se pose si l'on se réfère à A. Gautier[109] : l'animal représenté dans ces scènes est-il bien un chien ? Le propos n'est pas de se demander si le chien est un chasseur. Tous les chiens, petits ou grands, sont des chasseurs. Le propos est de savoir si le chien est un *bon* chasseur ; c'est-à-dire, s'il sait chasser *pour* l'homme. Autrement dit, est-il un bon auxiliaire cynégétique ? A. Gautier écrit, en effet, qu'il ne le serait devenu qu'après une sélection commencée en 3000 av. J.-C. Selon ce chercheur, cette sélection aurait été le fait d'un développement des inégalités sociales quand la chasse devint un passe-temps. Il est vrai qu'aujourd'hui encore certains types de chasse nécessitent de dispenser un apprentissage à l'animal employé (chasse au faucon, au chien d'arrêt, etc.) ou de recourir à des artifices[110]. Il est vrai, aussi, que certains peuples renvoient leurs chiens quand ils partent chasser comme les aborigènes d'Australie et les Bochimans de l'Afrique méridionale. À la suite de G. Bénédite qui identifie l'animal tenu en laisse sur le manche de couteau de Gebel-el-Arak (10, fig. 24) à la famille des « petits félins à demi apprivoisés et dressés pour la chasse[111] », faut-il alors considérer que l'animal qui accompagne l'homme est un petit félin ? Sur la gravure M213a du site 26 du Ouadi Abou Wasil (2), l'animal possède une queue enroulée qui ne laisse aucun doute sur sa nature canine. Sur une gravure de Qasr el-Banat (1), elle est non seulement courte mais aussi dressée comme celle des chiens actuels. De plus, si G. Bénédite reconnaît un félin sur le manche de couteau de Gebel-el-Arak, tous les égyptologues (D. J. Osborn et J. Osbornova, B. Adams et K. M. Cialowicz, etc.) ne sont pas d'accord, et la courbure de la queue permet de trancher la question par ailleurs. De plus, J. Leclant et P. Huard assimilent, à la suite de J. Pâris[112], le quadrillage des colliers de chien de la palette de Hiérakonpolis (32) à des pointes de métal, ou de silex. C'était grâce à des données ethnologiques que J. Pâris avait indiqué qu'il devait s'agir d'un élément défensif pour la chasse ; ce serait alors la première attestation d'une activité spécifique. Cependant, sans exemplaire, on ne peut rien affirmer, d'autant que ce quadrillage est aussi semblable à la décoration des colliers de chien des époques dynastiques. Quand bien même nous ramenons le quadrillage des colliers à un élément décoratif, dans un cas comme dans l'autre, il est question de chien ; nul doute alors que l'animal qui accompagne l'homme à la chasse est un chien. Quant à savoir si sa présence est motivée pour correspondre à une réalité quotidienne, le problème est autre. J. Leclant et P. Huard[113] avancent l'hypothèse que toutes les représentations de chasse seraient, en fait, un moyen psychologique pour inculquer le savoir (technique de chasse, apprentissage des émotions du chasseur, croyances du groupe, etc.). En ce cas, le chien peut être plaqué en tant qu'auxiliaire cynégétique en raison de ses qualités de chasseur. Mais nous changeons de domaine d'activité, le chien se transformerait en instructeur perdant ainsi sa qualité de symbole agissant de l'homme.

---

[103] La question de la domestication de l'oryx et du mouflon n'a toujours pas été résolue. Il est possible d'envisager que, s'ils n'étaient pas domestiqués, ces animaux pouvaient être apprivoisés ou confinés.
[104] Voir les vases de Bruxelles (54, fig. 23) et d'Hammamiya (59) ainsi qu'une jarre d'Abydos (57, fig. 21).
[105] Sur la base du croquis de la tombe réalisé par De Morgan (Needler W., 1984, p. 392), on détecte de possibles vases W43g et W61 (?) qui indiqueraient une datation au début de Naqada IIIa plutôt qu'à Naqada IId comme nous l'avions précédemment indiqué (Watrin L. 2000, p. 1767).
[106] Par comparaison avec le thème du chien poursuivant un bovidé se rencontrant exclusivement aux environs de Naqada Ic, L. Watrin (com. pers., 2004) propose de situer cet objet autour de cette période.
[107] Ce motif est d'ailleurs universel : une gravure de Catal Hüyük (7000 av. J.-C., conservée au musée Hittite d'Ankara) présente une chasse au cerf (fig. 22). Cette universalité est d'ailleurs l'une des raisons qui a amené beaucoup d'égyptologues à assimiler l'ensemble des figurations à des chasses.
[108] Voir par exemple des gravures de Qasr el-Banat (1) et du Ouadi Abou Wasil (2).
[109] Gautier A., 1990, p. 121.
[110] Certaines tribus africaines nouent une corde autour de la gorge de leurs oiseaux pour les empêcher de manger ce qu'ils pêchent. Ce même genre de pratique se retrouve, avec l'utilisation du cormoran, en Chine.
[111] Bénédite G., 1916, p. 15.
[112] Pâris J., 1907, p. 1.
[113] Leclant J. et Huard P., 1980, vol. 2, p. 525.

Fig. 25. Amulette de Mostagedda (38), d'après Brunton G. (1937, pl. XLIII, 28).

Fig. 26. Palette scutiforme surmontée d'un pariah en protomé (25), fin Naqada IIIa-IIIb (Wild H., 1948, pl. 1.a).

Confrontation avec l'extérieur

Auxiliaire du chasseur ou du berger, là ne sont pas les seules activités du chien. Il intervient aussi comme protecteur et lien entre le domestique et le sauvage, moyen symbolique pour l'homme de se confronter avec l'extérieur. Deux autres aspects méritent une attention particulière mais nous les étudierons après. Il s'agit de la sélection des morceaux associés aux sépultures humaines ainsi que du monde divin avec Oupouaout et Khentamentiou.

C'est l'association entre le support (pendentif) et le contexte (sépulture) qui nous amène à associer une fonction protectrice (amulette) aux deux amulettes de la tombe 1757 de Mostagedda[114] (38, fig. 25) et à celle découverte par W. M. Fl. Petrie (40). Sur ces deux ensembles d'objets, seule cette dernière peut être identifiée avec certitude comme un chien. Chose étrange toutefois, elle présente une perforation sous le ventre de l'animal. Aussi l'objet était-il porté avec la tête du chien à l'envers. Cet usage diffère de celui des amulettes en général car elles possèdent habituellement une perforation qui amène l'animal à avoir sa tête dirigée plutôt vers le cou du porteur ou à l'horizontal, plus rarement tête tombante[115]. Les amulettes de Mostagedda présentent, elles, des stries sur l'ensemble du corps (pattes et queue), ce qui amène à penser qu'il s'agit plutôt d'un motif décoratif que de la représentation d'un collier. De plus, la queue est si touffue que l'on serait plutôt tenté d'y voir un renard si les oreilles n'étaient pas aussi petites. À ce propos, une autre amulette découverte par W. M. Fl. Petrie (39) nous permet d'avoir un moyen de comparaison corroborant la thèse du renard. Ces remarques ne semblent gêner aucunement E. J. Baumgartel[116] qui désigne comme *chien* les objets de Mostagedda. Quant au rôle de ces objets, si nous n'avons déterminé que leur fonction (moyen de protection), nous n'avons pas encore évoqué la nature de cette protection, ce qui reste fort délicat. En effet, le nombre de ces objets, le contexte dans lequel ils ont été mis au jour et les informations à leur sujet sont dans des proportions si minces que seule l'essence de la fonction nous vient en aide : une amulette est faite pour protéger. Sachant que la protection peut porter sur l'élément à conjurer ou, au contraire, à invoquer, dans les deux cas, il s'agit de s'adresser à des forces extérieures à l'homme. Ces amulettes pourraient donc être la figuration de génies protecteurs, pour ne pas parler de divinités. Bien entendu, le seul contexte funéraire ne suffit pas à imposer leur rôle d'amulette car il pourrait tout aussi bien s'agir de simples bijoux, d'autant que le renard fait partie de l'iconographie de ce type d'objet et qu'on ne lui connaît aucun culte aux temps pharaoniques[117]. C'est alors qu'une palette scutiforme surmontée d'un chien[118] en héraldique (25, fig. 26) prend

---

[114] Cette tombe ne peut être datée précisément du fait de l'absence de mobilier caractéristique (L. Watrin, com. pers., 2004).
[115] Cf. Brunton G., 1927, p. 10 et 16, pl. XVIII, n° 16.
[116] Baumgartel E. J., 1960, p. 74.
[117] Ceci reste à vérifier. Nous le verrons quand nous traiterons de l'image séthienne (cf. chap. IV.1.1.1).
[118] Il ne peut s'agir d'un chacal car la queue est ramenée sur le dos (critère de domesticité).

Fig. 27. Ostracon de Toutankhamon chassant le lion avec son chien (Vallée des rois, XVIIIe dynastie).

toute son importance. Si cette palette est à mettre en relation avec les figures héraldiques de la palette aux taureaux (34, fig. 29) et de la palette de Narmer (35), elle est cependant un peu plus ancienne se situant autour de fin Naqada IIIa-IIIb[119]. Nous y reviendrons quand il sera question du monde divin. Toutefois, il convient de signaler, dès maintenant, que ce très haut relief protège la palette et son contenu. En effet, comme nous l'a confirmé N. Baduel[120], les palettes incisées ainsi que les palettes à décor en relief[121] ont servi, en grande partie, au broyage du fard. Déjà R. Tefnin, dans un article de 1993[122], avait émis l'idée que les reliefs étaient en étroite relation avec le fard mais il allait encore plus loin en réalisant la liaison du matériau (fard) et du support (godet) avec l'œil :

« Qu'il n'existe ni palette en relief sans godet ni palette à godet sans relief semble signifier qu'il s'agissait de préserver l'idée du broyage du fard protecteur de l'œil –sinon l'idée de l'œil lui-même– *malgré* la transformation de la meule dormante en bas-relief, *malgré* le passage du fonctionnel au symbolique. De cette mutation résulte inévitablement une tension nouvelle entre centre et contour[123] ».

La palette D1167 de Genève présente donc, à l'image des amulettes, le chien comme un élément protecteur. Dès lors, il est permis de voir dans cette forme les prémisses de génies ou de divinités, voire d'animaux associés à la personne royale (taureau de la palette aux taureaux), et non de simples objets d'ornementation (bijoux). Toutefois, il convient d'émettre quelques réserves car tous les animaux héraldiques ne sont pas restés dans le bestiaire, comme le lycaon.

Comme cela a été maintes fois répété dans les paragraphes précédents, le chien est l'expression de l'homme. De fait, son image implique, outre l'action de l'homme dans certains cas[124], sa présence. Celle-ci est à entendre en tant qu'envahissement de la scène figurée par le domestique. Si des éléments du sauvage sont présents, ils sont alors intégrés au domestique : on les voit maîtrisés, tués ou servant de source d'énergie. L'intégration est réalisée quelle que soit la scène (naturaliste ou symbolique). Dans ce rapport entre domestique et sauvage, la relation chien-lion se remarque particulièrement. La chasse au lion, comme à n'importe quel animal sauvage dangereux, a permis de tout temps aux hommes de se couvrir de gloire. Cette gloire, en raison de la valeur procurée par le danger, deviendra d'ailleurs un privilège royal durant l'époque pharaonique[125] (fig. 27). Deux objets[126] nous exposent les rapports entre chien et lion ou lionne où tour à tour le chien est figuré devant et derrière le lion. Il s'agit d'un sceptre provenant de Hiérakonpolis (41), datable de la fin Naqada IIIb-début IIIc[127], et d'une cuiller de Ballas (8), datable de Naqada IIIa-b[128]. Il faut savoir par ailleurs qu'à la Ire dynastie, ces deux animaux figurent de concert dans le jeu de Senet. Auparavant, des dents de chien perforées avaient été mises au jour dans le niveau II de Mérimdé-Benisalamé[129] (37) et des griffes de lion dans la tombe 1503 de Naqada[130], datée de l'époque de

---

[119] Datation établie par analogie avec une palette de Tarkhan présentant un faucon surmontant un écu : type 20s de Petrie W. M. Fl., 1920, pl. 53.77 (L. Watrin, com. pers., 2004).
[120] Baduel N., com. pers., 1999.
[121] Celles qui ont un décor historié ne sont pas comprises dans la liste.
[122] Tefnin R., 1993, p. 17.
[123] Tefnin R., 1993, p. 17.
[124] Voir plus haut, l'aspect actif du chien (cf. chap. II.3.4.1).
[125] Cf. J. Leclant et P. Huard, 1980, vol. 1, p. 25.
[126] Une cuiller provenant de Ballas (8) et un sceptre provenant de Hiérakonpolis (41).
[127] Cet objet se rattache à un groupe d'objets découverts dans le *Main Deposit* de Hiérakonpolis. Si l'essentiel de ces objets date du règne du roi Narmer, quelques objets peuvent remonter aussi au règne précédent, celui du roi Ka/Sekkhen. C'est pourquoi L. Watrin donne cette datation (com. pers., 2004).
[128] L. Watrin (com. pers., 2004) avance cette chronologie par analogie avec une cuiller de Tarkhan découverte dans la tombe 1023 datable de la fin Naqada IIIa et les pions de jeu figurant deux chiens et un lion mis au jour dans la tombe 58c4 d'Abousir El-Mélek qui est à dater, par la présence d'un W85, de Naqada IIIb.
[129] Des dents de chien ont été retrouvées également dans la tombe n° 133 d'El Gerzeh datant de Naqada IIc-d2 (W. Kaiser date l'ensemble des tombes de cette nécropole dans cette période). Toutefois, s'agissait-il là aussi d'éléments de parure ?
[130] Malheureusement, nous ne savons pas si ces griffes de lions, conservées à l'University College de Londres (UC 41902, E. J. Baumgartel, 1970, pl. 47), étaient perforées.

Naqada Ic[131]. Ces parties d'animaux ornaient donc le cou des égyptiens ou des égyptiennes dès le début du Ve millénaire. Les dents perforées de Mérimdé-Bénisalamé (37) n'apporte cependant aucun renseignement sur le lien chien–lion. C'est pourquoi nous les associons aux autres objets. En effet, pour en retirer quelque information, il aurait fallu connaître la fonction de l'objet : simple ornement (souvenir de l'animal, décoration) ou volonté symbolique (magie, religion, ostentation). Nous pouvons juste noter que ce sont les dents du chien qui ont été conservées et non ses griffes. Mais, est-ce pertinent ? Ce qu'il convient de retenir en revanche, c'est que le chien et le lion sont suffisamment importants pour qu'en soient conservés des morceaux afin de servir à la confection. Quelle que soit la nature des objets, le lien chien-lion, autre moyen d'exprimer l'étroite relation entre les deux mondes qu'ils représentent, ressort clairement. Il n'est pas question ici de considérer le lion comme la manifestation du souverain. En effet, sur le sceptre de Hiérakonpolis (41), le chien domine clairement le lion en lui posant sa patte sur le postérieur. L'image d'un souverain dominé, *a fortiori* par un animal domestique, ne saurait exister. Rejoignant ce qu'a écrit J. Baines[132], nous voyons, dans l'image du lion assujetti, le chien maîtrisant la puissance sauvage sans oublier qu'implicitement, c'est le maître qui agit. En revanche, le maître peut très bien être le souverain quand on considère la nature des objets qui trahissent, par leur qualité, l'appartenance à une élite. Ce type de support pourrait donc fournir les prémisses de l'expression de la maîtrise du chaos, la canalisation des sentiments désordonnés[133]. Mais alors, comment expliquer l'imagerie de la cuiller de Ballas (8) ? Pourquoi le lion pose-t-il sa gueule sur le postérieur du chien ? Le mord-il ? Peut-être fallait-il éviter que le contenu (fard) ne soit à portée du sauvage ? Était-ce un moyen de protéger le contenu ? On serait tenté de le penser quand on songe à la crainte exprimée à l'Ancien Empire par les mutilations de signes dangereux[134]. L'image rendue vivante par l'artiste pouvant porter atteinte au mort, les hiéroglyphes représentant l'être humain ou les animaux étaient systématiquement fragmentés. Ainsi, la place du lion aurait été modifiée. Cette hypothèse ne vaut que par le caractère unique de l'objet respectivement au reste de la documentation concernant le lion et le chien.

Toujours dans ce rapport domestique/sauvage, le rôle de la femellité* doit être évoqué. Des chiennes se rencontrent dans l'iconographie préhistorique, et ce dès Naqada Ic ; vase provenant de Diospolis Parva (50, fig. 41) et coupe de Moscou (53, fig. 8). Figurées avec des mamelles ou pleines[135], la thématique demeure la même et porte seulement sur la notion de fertilité du thème : naissance, reproduction et fécondité. Par le parallèle avec le sauvage où des lycaons femelles allaitent des chiens[136], nous pensons qu'il n'est plus question d'user de la *force* pour maîtriser la nature. Le thème de la femellité dont la chienne est la figuration prend alors dans ce cadre une nouvelle dimension. Par ce thème, c'est en effet l'intégration de l'homme qui est ici mise en avant où ce dernier se fond avec son environnement.

Là encore la présence de l'homme n'est pas physique mais reste sous-entendue car à travers le thème de la femellité, c'est aussi le thème de la relation domestique/sauvage qu'exprime l'artiste.

Au sujet du sacrifice

Après les enfouissements de tout ou partie du chien en tant que seul occupant de la sépulture, venons-en au cas où l'animal est associé à l'homme. Bien évidemment, se pose là aussi la question du sacrifice. À ce sujet, Ch. Bonnet mentionne que, à El Kadada (88), la situation des animaux dans la tombe répond à « un rituel obéissant à des règles bien définies[137] » : dans 8 cas, le corps de l'homme recouvre parfaitement celui du chien. Il a noté que les animaux bénéficiaient d'une attention plus grande que le reste du mobilier. Ces remarques, si elles sont pertinentes pour des individus complets ne le sont pas forcément dans le cas de parties du corps déposées dans la tombe[138]. En ce qui

---

[131] Il s'agit d'une tombe très riche d'objets en ivoire (5 peignes) comprenant aussi un vase de la classe B (B27b) assurant une datation dans cette période (L. Watrin, com. pers., 2004).
[132] Baines J., 1993, p. 59.
[133] La palette de Hiérakonpolis (32) en est un autre exemple plus récent.
[134] L'image étant considérée comme efficace, certains textes des pyramides comportent en effet des hiéroglyphes animés (lion, serpent, scorpion, etc.) qui sont mutilés afin de rendre leur image inoffensive.

[135] Pour Ch. Desroches-Noblecourt, une statuette du Louvre (60) représenterait une chienne gravide. L'absence de signes distinctifs (mamelles, vulve) pose toutefois un problème en regard des autres représentations de femelles (cf. *infra*).
[136] Cf. palette de Munagat (28, fig. 39) et petite palette de Harkness (27, fig. 35).
[137] Bonnet Ch., 1992, p. 27.
[138] Crânes dans les tombes n° 119 du cimetière B d'Abadiya (78) et n° 286 du cimetière principal de Naqada (79) ; scapula dans la tombe n° 37 du cimetière 17A de Khor Bahan (86).

concerne les crânes, il est intéressant de les mettre en parallèle avec l'intérêt constaté, au paléolithique inférieur en Israël (Qafzeh, Skhul), pour les parties céphaliques. À ce sujet, M. Otte écrit que ces parties ont « une valeur symbolique plus puissante que le reste du corps (comme pour l'homme lui-même)[139] ». Il ne faut retenir de la relation qu'un constat d'identité dans la pratique. M. Otte, quant à l'interprétation, n'indique pas sur quoi se base cette valeur symbolique ni ce qu'elle est, à moins qu'il ne s'agisse de la renaissance périodique associée à la nature humaine, auquel cas, il faudrait voir en quoi le crâne s'associe à cette symbolique. Ainsi, à l'exception des structures associant le défunt à un crâne de chien où le crâne peut être la partie du tout, le cas du dépôt de scapula incite à songer à d'autres pratiques. Pourtant, le chien n'ayant pas servi de nourriture au vivant, il est délicat d'envisager que ces dépôts soient des offrandes alimentaires. Après tout, ils pourraient relever de pratiques votives. Faudrait-il alors y reconnaître l'existence d'un génie canin ou d'une divinité canine ? Cela semble difficile à concevoir quand on considère l'époque (Naqada I-II, cf. *infra*). En revanche, les pratiques funéraires du milieu du Ve millénaire, bien connue à Badari avec offrandes alimentaires pour les humains, attestent l'existence de croyances dans un au-delà, et donc d'une pensée religieuse formalisée. Si cette dernière nous reste inconnue dans sa forme jusqu'à Naqada III, les égyptiens ont fort bien pu développer très tôt pour les chiens un lien avec l'au-delà. C'est ce que tendent déjà à prouver les sépultures canines d'Héliopolis (66) datables, selon L. Watrin, du début du IVe millénaire (Naqada Ia-IIa). L'une d'entre elles comporte même 10 vases alors que les dépôts pour les humains n'en présentent que de 1 à 3 en moyenne[140]. Connaître les raisons de la mort apporterait des indices fort importants pour asseoir ou détruire l'hypothèse de pratiques sacrificielles. Sans documentation (traces de découpes, fractures, détérioration des os), nous ne pouvons savoir s'il est question d'une mort violente (sacrifice) ou d'une mort naturelle (vieillesse, suite de blessures ou de maladie). Il serait étonnant que des animaux aient été conservés en l'attente de la mort prochaine de leur maître. Il est dommage que les traces de découpes présentes sur les morceaux de chien, ou l'absence de tels signes, ne soient pas évoquées dans les rapports de fouilles. En effet, quand un sacrifice est opéré, il laisse des traces liées à la mise à mort mais pas obligatoirement sur le squelette quand il n'y a pas démembrement. Aussi le seul moyen d'obtenir une information sur la cause de la mort serait-il de découvrir un individu complet (peau et muscles), ce qui est le cas des cadavres de la tombe n° 36 du cimetière 30 à Ouadi Digla (68) se situant autour de Naqada Ia-IIa. Clamer le manque d'intérêt au début du siècle pour l'archéozoologie dans le but d'expliquer l'absence d'informations si fondamentales ne suffit pas. Aujourd'hui encore, malgré le développement de cette science, l'absence d'indications subsiste sur le sujet quand bien même ne serait donné sur ce point qu'un constat négatif ou d'ignorance. Si l'hypothèse du sacrifice s'avérait fondée, elle donnerait une fois pour toutes aux animaux la même valeur, du moins dans le fond, que celle des hommes et des femmes du Proche-Orient ou des premières dynasties en Égypte : un individu privilégié au service de son maître.

Politique et religion

Comparons les figures des objets suivants séchelonnant de la fin Naqada IIIa au début Naqada IIIc : palette de Munagat (28, fig. 39), palette aux taureaux (34, fig. 29), têtes de massue du roi « Scorpion » (17, fig. 42) et du roi Narmer (18), palette de Narmer (35) et de nombreuses empreintes de sceaux provenant de la tombe de Djer à Abydos datées elles du début de la Ire dynastie (9, fig. 28). Que constatons-nous ? Nous voyons que le canidé représenté, de manière générale, a une longue queue (elle arrive jusqu'au sol) pendante (souvent touffue), des oreilles dressées et ne porte aucun signe de do-

Fig. 28. Empreinte de sceau provenant de la tombe de Djer à Abydos (9) associant un canidé à la personne du roi (Petrie W. M. Fl., 1901, pl. 15.108).

---
[139] Otte M., 1996, p. 183.
[140] Cf. Debono F., 1950.

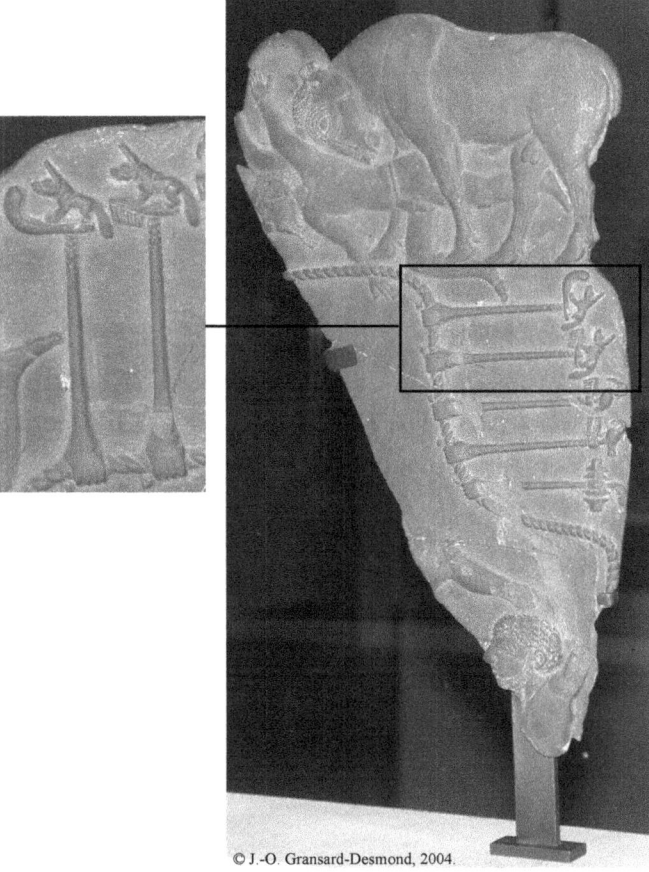

Fig. 29. Palette aux taureaux (34), début Naqada IIIc.

Fig. 30. Figuration de la chienne d'Isis-Sothis ? (46, fin Naqada IIIb-début IIIc).

Fig. 31. Chienne représentant Sothis (terre cuite gréco-romaine).

mestication ou de traits marqués appartenant à une espèce en particulier. La palette D1167 conservée à Genève (25, fig. 26) fait exception car elle est la seule qui présente un chien identifiable à sa queue ramenée sur le dos, élément que l'on retrouve sur un groupe de statuettes provenant d'Abousir El-Mélek (43, fig. 18) qui comprennent d'autres détails n'autorisant aucun doute. Hors la palette de Genève, les seules différences, entre chacune des représentations, consistent en la présence d'attributs différents (chedched, serpent, élément quadrangulaire) et la posture (debout ou couché[141]), rien qui ne permet d'affirmer qu'il est question du chien. Les seuls cas où la divinité serait figurée par un chien seraient ceux d'un vase d'Abydos[142] (61, fig. 43), d'époque Thinite, et d'une statuette en chlorite noire (46, fig. 30), contemporaine selon L. Watrin du règne de Narmer ou de l'un de ses prédécesseurs immédiats[143]. Ainsi, L. Habachi[144] propose de reconnaître dans le chien (petite queue enroulée) du vase d'Abydos la première attestation du dieu Seth. Si la tête peut fournir une comparaison avec l'iconographie de Seth, il faut déjà se demander si la figure représente bien une divinité. En effet, aucun pavois, aucun attribut divin, ni aucun texte ne permet une telle affirmation. On conviendra qu'il n'y a pas lieu de retenir ce cas mais il était important de l'évoquer. Passons à ce que Ch. Desroches-Noblecourt[145] considère comme la première attestation de la déesse Sothis. Selon ce chercheur, cette chienne prête à mettre bas est semblable à une statuette de la période gréco-romaine (fig. 31). Il est toujours délicat d'opérer des raccourcis temporels entre des conceptions sociales, politiques ou religieuses aussi éloignées. Si celles-ci peuvent avoir la même signification (ne parle-t-on pas de la pérennité de l'art égyptien ?), elles peuvent aussi en avoir une différente. Tel est le cas présentement. Alors que Ch. Desroches-Noblecourt reconnaît l'iconographie du faucon sur son « perchoir », quelle que soit l'interprétation de ce dernier, sur la tête de massue du roi Narmer[146], elle ne pousse malheureusement pas plus loin l'analyse. Pourtant, ainsi que le prouve l'objet précédent où le faucon sur son perchoir est associé au serekh du roi Narmer et comme nous l'a suggéré L. Watrin, cette image doit être entendue comme la représentation du roi. De plus, si la statuette

---

[141] La posture assise n'existe pas avant l'Ancien Empire.
[142] Le vase d'Abydos doit être daté du début de l'époque Thinite (Habachi L., 1939, p. 775). Il s'agit d'une jarre de taille moyenne portant un décor géométrique et animalier, de facture grossière, qui est une réminiscence des décors en usage à Naqada IIc-d (L. Watrin, com. pers., 2004).
[143] Cette statuette faisait partie d'un groupe de 4 objets dont un vase portant un décor associant un chien et un faucon sur un motif en forme de croissant. Ce dernier motif est identique à celui figurant sur un vase en pierre provenant du *Main Deposit* de Hiérakonpolis (Quibell J. E., 1899, pl. 19.1) dont la quasi totalité des objets se rattachent au règne de Narmer (cf. Watrin L., 2003, p. 25-26).
[144] Habachi L., 1939.
[145] Desroches-Noblecourt Ch., 1979.
[146] Desroches-Noblecourt Ch., 1979, p. 112, fig. 7.

E.27203 du Louvre (46, fig. 30) peut faire penser à une chienne gravide (ni mamelles ni vulve ne sont cependant représentées), il n'en va pas de même ici. Dans l'état, seule l'identification masculine peut être retenue. Enfin, aucune étoile ni aucun signe autre que le collier et l'attache de laisse connus par ailleurs permettent de relier cette représentation à celle de Sothis. Pour ces raisons, nous préférons simplement voir sur cet objet un chien accompagnant son maître comme on en connaîtra plus tard dans les tombes de Beni Hassan (XIIe dynastie).

Nous reviendrons sur le domaine divin plus tard[147]. Il convenait, cependant, de faire le point sur l'absence du chien dans ce domaine. Si aucune preuve n'atteste sa présence dans le répertoire archaïque du IVe et du début du IIIe millénaire, le matériel et les textes de l'Ancien Empire viendront, peut-être, mettre en valeur sa présence à partir de cette époque.

L'aspect passif

Avant de passer au rôle des canidés sauvages, nous nous devons de traiter du chien en tant qu'élément passif (animal domestique). Comme nous l'avons déjà vu, le chien exprime l'humain dont il est une des fabrications. L'animal conforte donc, comme marqueur social, le rang du personnage que sa situation soit nommée ou non. Les objets sur lesquels il apparaît tout au long du IVe millénaire renforcent cette hypothèse de marqueur social. Ces derniers appartiennent, de par leur modelé, leur contexte archéologique* (temple, sépulture à riche mobilier), à une élite. L'animal devient un indice supplémentaire du rôle[148] ou de l'importance[149] de l'homme dans la société ; supplémentaire car les types ne sont pas toujours aisément identifiables. De plus, à la différence d'aujourd'hui (chien de berger, chien de garde, etc.), les races canines n'en étaient qu'à leur début. Quand bien même il est certain que les naqadiens opéraient une sélection déterminée dès Naqada I selon la théorie de A. Gautier[150], il faut attendre les périodes dynastiques pour établir des spécificités. C'est en partie l'organisation sociale (hiérarchie) qui va créer ces spécialités. L'attribution d'une fonction à l'animal, et de fait au maître (berger, garde, etc.), ne peut être établie antérieurement. Aussi les égyptologues ne savent-ils pas s'il faut identifier le défunt à un guerrier[151], comme le fait K. M. Cialowicz[152], ou à un chasseur, à l'image de W. van Neer[153]. Le chien n'étant associé, à l'époque naqadienne, qu'à des individus masculins et la tombe comportant parfois des armes avec, de plus, une iconographie portant de temps à autre sur la chasse, il est normal que les chercheurs aient songé à ces deux cas de figures. Mais alors, on est en droit de se demander quelle est la fonction du défunt lorsque la tombe ne comporte ni arme ni objet relatif à la guerre ou à la chasse[154]. Son rôle de compagnon ne doit pas être oublié. Si les sépultures du Ouadi Qamar (87, Naqada I) et de Matmar (74, Naqada IId2) ne sont pas suffisamment claires pour exprimer la seule fonction de compagnon que peut remplir le chien, le cas du mastaba 3035 d'Hemaka (70) du milieu de la Ire dynastie (règne de Den) est, lui, éloquent. En effet, il faut plus que des restes de laisses ou de colliers et une association hiérarchique entre l'animal et le maître[155] pour certifier d'une relation autre que fonctionnelle (chasse, gardiennage, guerre, etc.). Le complexe funéraire d'Hemaka offre, en revanche, par l'organisation externe du complexe[156] et l'organisation interne de chaque tombe[157] tous les indices d'une ménagerie, et donc d'une utilisation autre que fonctionnelle de l'animal. Cette nouvelle organisation permet une approche de l'évolution de la perception humaine quant à son milieu, sujet qui fera l'objet du dernier chapitre. Quel que soit le contexte d'enfouissement (seul, accompagné ou accompagnant), la connaissance du sexe des animaux pourrait nous apporter bien des informations utiles si l'association d'un genre avec un mode d'enfouissement se manifestait régulièrement. La relation entre le maître et

---

[147] Cf. chap. IV.1.
[148] Chasseur sur des gravures rupestres de Qasr el-Banat (1) et du Ouadi Abou Wasil (2) et pasteur sur un vase de Bruxelles (48, fig. 14) ainsi que sur une jarre d'Abydos (57, fig. 21).
[149] Nobles dans les mastabas : mastaba n° 3035 d'Hemaka (70) et n° 3507 d'Herneith (71).
[150] Une sélection déterminée maintient le type dit de *forme de croissance** comme on le voit avec le lévrier.
[151] Si nous n'en connaissons pas la cause (peut-être qu'il s'agissait de disputes au sujet de terrains de chasse ou de rivalités tribales), nous savons que des guerres tribales ont eu lieu dès le paléolithique. À Sahaba (Ouadi Halfa), un cimetière daté de 14 000–12 000 av. J.-C. présente de nombreux restes humains avec des pointes de flèches encastrées dans l'os (Gautier A., 1988, p. 27). Le chien n'apparaît pourtant dans aucune activité guerrière (cf. chap. III.2.2.2.1.).
[152] Cialowicz K. M., 1987.
[153] Midant-Reynes B. et Buchez N., 2002, p. 542.
[154] C'est le cas à Matmar (74) où une sépulture humaine avec un chien conservé dans un coffre en bois, preuve que tout élément biodégradable a pu être conservé dans la tombe, ne présente rien qui ne puisse avoir un rapport avec la chasse ou la guerre.
[155] À Matmar (74), le cercueil du chien se situe aux pieds du maître.
[156] Les sept tombes de chiens sont rejetées à l'extérieur de la tombe du maître mais associées à quatre autres tombes (trois d'oiseaux et une d'humain).
[157] Les corps sont enroulés dans des nattes avec dépôt d'offrandes.

l'animal ainsi que le statut de la femelle pourrait nous apparaître sous un jour nouveau. Il serait même plus aisé de savoir si le chien a servi ou non à une activité spécifique, chacun des deux sexes ne rendant pas les mêmes services. En attendant, il convient de s'attacher à la dernière « activité » que nous connaissons du chien et qui touche les loisirs de l'homme.

J. Vandier pensait que le groupe de statuettes d'Abousir El-Mélek (43, fig. 8) que nous avons mentionné plus haut représentait des pions du jeu de Senet[158]. Plus tard, S. Hendrickx[159] confirmera cette interprétation de remplacement des lions comme pièces de jeu par des chiens en y ajoutant d'autres statuettes provenant d'Abydos (44) et de Naqada (47). Le nombre de statuettes et leur taille (elles ne dépassent pas 5 cm) s'accordent effectivement avec cette hypothèse. Est-ce à dire que les petits objets en forme de chien trouvés en contexte funéraire servaient uniquement au divertissement du défunt ? C'est peut-être limiter leur rôle d'autant que le principe d'animal de compagnie que nous connaissons aujourd'hui a pu aussi être celui des naqadiens, comme nous l'avons démontré du reste avec les tombes de Saqqara de la même époque. La représentation du chien pouvait donc servir à divertir le maître par le rôle que l'objet tenait dans le jeu susmentionné et/ou par la présence du chien en soi ; les oushebtis ne serviront-ils pas à représenter le travail à réaliser pour le bien-être du défunt par la suite. Par ailleurs, les statuettes pouvaient tout aussi bien, étant donné qu'aucun élément du jeu de Senet n'accompagne certaines de ces statuettes, être la clef magique permettant d'invoquer la divinité funéraire connue plus tard sous le nom d'Anubis.

Encore une fois, le chien doit être jugé à part des autres animaux, bénéficiant d'un statut particulier. Ce statut se comprend aisément quand on se remémore qu'en tant qu'animal domestique, sa présence implique la présence de l'homme dans la représentation à une échelle bien plus forte que celle d'un animal sauvage. Le développement de l'écriture ne fera que renforcer l'étroite relation qui existe entre l'homme et le chien depuis le début puisque le chien portera un nom[160] et sera considéré au même titre que le reste de la famille. Quel que soit le rôle du chien, le défunt ou ses proches ont choisi d'associer l'animal à la sépulture. Nous insistons sur la notion de *choix* car, somme toute, peu de sépultures humaines contiennent des animaux. Si des morceaux d'animaux sont parfois déposés en offrandes dans les sépultures (Adaïma : 81), on trouve plus rarement des animaux complets. Le cas du complexe d'Aha est à signaler à ce sujet car il y a été découvert sept squelettes de jeunes lions apprivoisés accompagnant leur maître[161]. En comparaison avec les éléments précédents, il est certain que ce n'est pas le nombre de sépultures de chiens[162] ni la nature du sol (acidité[163]) qui est cause du petit nombre d'individus mis au jour. Il y a bien un caractère intentionnel dont la raison précise nous échappe pour le moment. Si elle consistait seulement à marquer le statut ou la fonction du défunt, pourquoi avons-nous si peu de marqueurs ? En effet, non seulement le nombre de chiens est bien inférieur au nombre des tombes humaines mais il est aussi inférieur à celui des autres animaux (oiseaux, bovins).

L'importance prise par le chien, son rôle comme individu manifestant la présence humaine, n'a pu s'élaborer qu'en contrepoint des espèces sauvages. Partant de ce constat, il est nécessaire d'en venir aux frères (loup et chacal) et aux cousins (renard, fennec et lycaon) de l'animal qui nous a occupé jusqu'à présent afin de conforter ce que nous venons d'exposer au sujet de sa position auprès de l'homme.

---

[158] Les premiers « pions » ont été retrouvés à Naqada par W. M. Fl. Petrie qui présente sommairement les raisons qui lui font penser à un jeu (Petrie W. M. Fl. et Quibell J. E., 1896, p. 35).
[159] Hendrickx S., 1992, p. 20.
[160] Voir la stèle de *Nb* (48), suivie plus tard par d'autres documents dont la stèle du chien Abuwtiyuw (cf. Reisner A., 1936, p. 96).
[161] Cf. Dreyer G., 1992.
[162] Il ne pouvait pas y avoir qu'un seul chien dans la tribu, sinon l'espèce se serait éteinte.
[163] Du fait de la conservation des ossements humains ainsi que de ceux d'autres animaux (oiseaux, bétail, etc.), le petit nombre des vestiges osseux de chien ne peut être mis sur le compte de l'acidité du sol.

CHAPITRE 3

CHIENS & CO DE L'ÉGYPTE ANTIQUE

Comme précédemment, l'étude des autres espèces* canines n'intègre pas la relation homme-animal. Ce sujet fera l'objet du chapitre suivant car il est d'abord nécessaire de synthétiser ce que nous savons des animaux dont nous parlons avant d'appréhender le fond du sujet qui est le rapport homme-canidé en Égypte. Nous verrons même, grâce au microcosme représenté par la famille* canidé, que l'étude de la famille des *Canidae* nous permet de mieux saisir le rapport qu'entretient l'Égyptien préhistorique avec son milieu. Auparavant, il convient de dresser la liste des espèces présentes et d'en analyser la fonction dans la société préhistorique égyptienne.

À vos postes

Nous ne reviendrons pas sur la distinction entre chiens et canidés sauvages ainsi que sur les fiches signalétiques de chaque espèce réalisées dans le chapitre précédent. Nous nous concentrerons surtout sur les conditions de présence/absence des espèces ainsi que sur le contexte et la date des premières attestations de canidés sauvages.

Où les absents ont raison

Il est rare que l'absence d'informations soit capitale dans l'étude d'une civilisation. Tel est pourtant le cas en Égypte à propos du loup et du fennec. Leur absence à ce jour, tant dans le domaine de l'archéozoologie* que dans celui de l'iconographie*, est lourde de sens. Elle permet, entre autres, de mieux saisir les questions liées au chien, dont celle de l'origine de la domestication.

En effet, l'absence physique du loup, qui est constante en Égypte de la préhistoire à aujourd'hui, amène à se poser deux questions. Celle qui consistait à se demander d'où provenait le chien, étant donné que ce dernier provient de la domestication du loup, a déjà fait l'objet d'un examen attentif au chapitre I.2.2. La seconde renvoie au problème de l'identification des divinités canines et aux questions portant sur le monde divin en général. Il est donc indispensable de faire le point sur le rôle des autres canidés sauvages avant d'aller plus loin. Toutefois, certains points encore obscurs méritent quelques lignes. De fait, si le loup fait défaut tout au long de l'Histoire égyptienne (au sens réel du mot, donc préhistoire comprise) comme tend à le prouver l'archéozoologie, pourquoi le loup est-il encore assimilé à Anubis dans la littérature égyptologique ? Serait-ce que le toponyme de Lycopolis serait à l'origine de l'assimilation ? Il faut alors préciser que ce nom est d'origine grecque et qu'à ce titre sa réalité historique ne remonte pas avant l'occupation grecque (conquête d'Alexandre aux environs de 332 av. J.-C.). Puisque le loup est absent de la faune égyptienne, nous sommes en droit de penser que le toponyme ne correspondait pas à une réalité égyptienne. Nous reviendrons sur ce sujet en son temps.

Pour ce qui est du fennec, son absence de l'iconographie préhistorique touche à la question de la sélection des animaux représentés, et plus particulièrement à celle de l'art* pour l'art. En effet, absent du bestiaire, le fennec fait néanmoins partie de la faune de l'époque comme le prouvent les quelques vestiges découverts à Mérimdé-Bénisalamé[1]. Depuis le début du siècle, la question de l'art pour l'art a maintes

---
[1] Driesch A. von den et Bœssneck J., 1985.

CHIENS & CO DE L'ÉGYPTE ANTIQUE

Espèce / Site	Tell Ibrahim Awad	Mérimdé	Héliopolis	Maadi	Ouadi Digla	El-Omari	Hélouan
Chien	2	508	5 (individus)	6 (individus)	1 (individu)	6	1 (individu)
Renard		26		2 (individus)			
Fennec		2					
Chacal		1					
Lycaon							

Espèce / Site	Saqqara	Fayoum	Harageh	Matmar	Badari	Hammamiya	Naga-ed-Deir
Chien	2 (individus)	128	plusieurs	1 (individu)	1 (individu)	15 (individus)	1 (individu)
Renard		27					
Fennec							
Chacal		2					
Lycaon							

Espèce / Site	El Mahasna	Abydos	Abadiya	Naqada	Armant	Adaïma	El Kab
Chien	2 (individus)	13 (individus)	1 (individu)	21 (individus)	11	5 (individus)	
Renard		1			4	2 (individus)	
Fennec							
Chacal							1
Lycaon							

Espèce / Site	Hiérakonpolis	Gebel Silsile	Ouadi Bakht	Bir Terfawi	Nabta Playa	Ouadi Qamar	Khor Bahan
Chien	7 + 6 (individus)		2		11	2 (individus)	1 + au moins 7 (individus)
Renard				1			
Fennec							
Chacal				1	3		
Lycaon							

Espèce / Site	El Kadada	Es-Shaheinab	Kadero	Saggai			
Chien	16 (individus)	8	27				
Renard							
Fennec							
Chacal		4		28			
Lycaon				1			

Tabl. 3. Présentation du nombre de fragments des animaux étudiés découverts sur chacun des sites.

fois été traitée. Déjà G. Bénédite[2] se la posait au sujet des défilés d'animaux mais il l'abandonna, et cela par rapport à un éventail iconographique bien plus large que celui que nous présentons ici[3]. La question est d'ailleurs un des thèmes les plus connus au sujet des civilisations préhistoriques comme cette phrase de R. Heiremans le présente :
« Doit-on considérer que l'homme a inventé " l'art " au court de la préhistoire, poussé par la joie de peindre des animaux ? Il se peut très bien en l'occurrence que les facteurs mythiques voire métaphoriques ne soient intervenus qu'en second lieu et que l'artiste primitif ait finalement reproduit la réalité quotidienne dans laquelle la relation entre l'homme, la femme et l'animal occupait une place importante.[4] »

Avant de poursuivre la question de la sélection, il convient de s'expliquer sur l'expression *l'art pour l'art*. La meilleure définition, du fait de sa simplicité, est celle de B. Midant-Reynes : « C'est donner à l'art une valeur en soi, hors de toute préoccupation métaphysique et fonctionnelle.[5] » Dès lors, si le niveau de référence est fondé sur la place laissée à la beauté plastique dans l'œuvre, à « la fantaisie des compositions » selon les termes de R. Weill[6], ou encore sur la volonté esthétique[7], il est permis de conclure que l'artiste du naqadien nous a transmis son sens de l'esthétique et de la décoration[8] mais non des objets purement décoratifs. Si nombre d'éléments ne laissaient aucun doute au sujet de la fonctionnalité de l'art de l'époque, nous pourrions l'envisager. En effet, à partir des études réalisées sur Congo, l'éthologue* D. Morris[9] a fort bien démontré que l'art pour l'art, la notion purement esthétique, est présente chez le chimpanzé comme chez l'homme. Dès lors, rien ne permet de refuser son existence dans l'esprit du naqadien comme le fait B. Midant-Reynes[10] sans aucun fondement en définitive. Même en ne se référant qu'au microcosme du monde des canidés, force est de constater un choix, un cadre, un rôle pour chacun dans l'iconographie. Un moyen de s'en rendre compte est de comparer les canidés présents sur l'ensemble des sites (tabl. 3) avec ceux représentés dans l'iconographie. Précisons que le procédé trouve sa pertinence dans la quantité d'animaux représentés dans l'iconographie qui font aussi les frais d'attentions sépulcrales (oiseaux, ovins, etc.). La famille des canidés ne fait donc pas office d'exception mais révèle bien un choix entre animaux utilisés dans l'iconographie et ceux faisant partie de la vie quotidienne. Des données archéozoologiques, il ressort que, sur un corpus de 32 sites comprenant un nombre minimum d'individus supposés de 137 à partir du tabl. 3, le chien est représenté à 86,13 % alors que le renard ne l'est qu'à 6,57 % et le chacal à 5,11 %. Le lycaon et le fennec clôturent le corpus avec une représentation de 1,46 % pour le premier et de 0,73 % pour le second. Partant de ces résultats, il est aisé de constater que :
- le loup est totalement absent pour les raisons déjà exposées au chapitre II.1 ;
- nous retrouvons la présence du fennec attestée par quelques fragments osseux alors que l'animal est absent du répertoire iconographique ;
- il existe une différence très marquée entre l'ostéologie et l'iconographie car si le taux de vestiges du chien (ostéologie) correspond à sa présence dans le bestiaire, il n'en va pas de même du lycaon.

En effet, le lycaon qui occupe une place de choix sur les palettes est quasiment absent des sites alors que sa présence dans la faune est attestée. Que dire encore si ce n'est que ces fragments ne présentent, de plus, aucune attention particulière (s'agit-il de restes d'un repas ou d'un dépeçage ?). Le renard, tout aussi présent que le lycaon dans la faune du pays, ne semble pas susciter plus d'attention. Pourtant, il est permis de penser qu'il est une des images emblématiques de pharaon[11] au même titre que le taureau ou le lion. Enfin, le chacal a beau être relativement représenté parmi les vestiges osseux, son apparition dans l'iconographie reste sujette à caution car aucun moyen ne permet de l'identifier, mais nous y reviendrons. Les identifications de P. Hellström[12] n'ont pas été retenues car elles ne reposent sur aucun critère. Si l'on se réfère à ses relevés, il pourrait tout aussi bien s'agir de renards que de chiens.

---

[2] Bénédite G., 1918, p. 236.
[3] Cf. R. Doria (1940) pour une étude approfondie du sujet.
[4] Heiremans R., 1988, p. 11
[5] Midant-Reynes B., 1987, p. 186.
[6] Weill R., 1961, vol. 2, p. 207.
[7] L'un des moyens d'expression de ce souci de l'esthétique est la rupture de monotones défilés d'animaux par un motif différent.
[8] Le godet de la palette de Narmer (35) créé par l'entrelac des cous de serpopards ou la girafe rompant un rang de cigognes sur le manche de couteau d'Abou Zaïdan (14) en sont des exemples.
[9] Morris D., 1962.
[10] « Nous nous refusons à penser que ces pièces ne représentent qu'un simple divertissement artistique » (Midant-Reynes B., 1987, p. 203).

[11] Cf. chap. III.2.2.2.1.
[12] Hellström P., 1970, vol. 2, corpus N1 et 2.

En conclusion, force est de constater une sélection, un choix opéré sur les espèces figurées. Peut-être le comportement des espèces sélectionnées est-il la cause du choix effectué par les naqadiens ? Auraient-ils choisi le lycaon pour représenter des animaux s'approchant de l'homme parce que ce dernier s'approchait des habitations ? Peut-être mais il est certain qu'un choix est manifeste comme l'avait déjà affirmé intuitivement E. Finkenstaedt. Ce chercheur avait remarqué qu'il n'y avait « *nothing random about their* [les animaux en général] *selection*.[13] » Par ailleurs, de nombreux chercheurs[14] n'ont pas manqué de développer le rapport que pouvait entretenir les lycaons avec l'intérieur comme avec l'extérieur de la palette. Cette implantation systématique des lycaons en protomés ou sur le pourtour des palettes implique un rôle spécifique pour ces figures, rôle exprimé, par ailleurs, grâce à l'élément féminin[15]. Il apparaît aussi que la codification de l'espace iconographique intègre à l'époque du thème des lycaons (Naqada IIIb) un degré de complexité supplémentaire.

Finalement, la quantité d'éléments à notre disposition est suffisante pour démontrer que l'iconographie préhistorique n'était pas le seul terrain de la fantaisie. Qu'il s'agisse de couteau qui, par sa nature, implique un aspect fonctionnel ou d'iconographie, notre raisonnement doit rester ouvert de la même manière à la question de l'art pour l'art et ne pas tenir un discours différent quand il est question d'images. Répétons, toutefois, que la fonction de l'art n'est en rien incompatible avec un sens de l'esthétique et de la décoration.

Présent !

Ayant commencé à évoquer les canidés présents dans la faune égyptienne préhistorique, il convient maintenant d'en dresser le portrait. Comme nous avons pu le voir, il est plus aisé de constater l'absence que la présence des espèces représentées. Cette difficulté est le fruit d'un héritage classique très lourd que le milieu égyptologique semble toujours accréditer sans le critiquer. C'est ainsi que de nombreuses « erreurs » nous ont été transmises par les Grecs et les Romains pour cause de réappropriation d'une réalité égyptienne différente de leur mode de vie et de pensée. Malgré la documentation archéologique* (les Égyptiens ne pouvaient donner à une ville le nom de Lycopolis puisqu'ils ne connaissaient pas le loup), ces « erreurs » ont semé le trouble parmi les chercheurs. Dès lors, il faut comprendre que la place de choix du chacal est un héritage des envahisseurs étant donné que la documentation antérieure ne nous fournit aucune information à son sujet.

Comment identifier un chacal[16] sans un texte mentionnant explicitement sa présence ? Poser la question, c'est se rendre compte que cette espèce ne présente aucune caractéristique qui puisse être transposée dans l'iconographie et qui permettrait de rendre sa représentation intelligible pour autrui. Les considérations de taille de la queue (elle est censée s'arrêter au jarret chez le chacal) ou de couleur, toutes aussi vagues et peu quantifiables les unes que les autres, ne peuvent être prises en compte : une peinture ou une gravure n'est pas une photographie quand bien même elle s'inspire du réel. Seule la présence d'un ou plusieurs critères clairs doit être retenue. Ainsi, la queue enroulée des chiens, les oreilles rondes du lycaon, la queue touffue et disproportionnée par rapport au corps du renard peuvent résister à la transposition dans la représentation d'une réalité zoologique* qui nous reste intelligible. Il est bien entendu que pour pouvoir identifier un animal, des clefs soumises par l'artiste (commentaires, signes distinctifs) nous sont nécessaires. L'absence de clefs explique pourquoi le chacal a été, fréquemment, confondu avec le chien. La difficulté de les différencier n'est, d'ailleurs, pas propre à l'iconographie, étant donné qu'on la rencontre également en ostéologie[17]. Elle n'est pas neuve non plus. Ainsi, J. G. Wilkinson déclare en 1878 :

« *Another notion, which assigns to Anubis the head of a dog instead of a jackal is one of the greatest and most generally accredited errors which the ignorance of the Greeks and Romans has set forth respecting the gods of Egypt ; and every writer, whether in poetry or prose, who has mentioned this deity, has described him with the head of a dog.*[18] »

Voici une preuve supplémentaire du danger qui

---

[13] Finkenstaedt E., 1984, p. 109.
[14] Cf. Fischer H. G., 1958 ; Cialowicz K. M., 1991 ; Baines J., 1993 ; etc.
[15] Cf. chap. III.2.2.2.2.
[16] Sa première attestation ostéologique remonte au Qarunien (9300 BP) sur le site de Nabta Playa (85) en Nubie et au Mérimdéen sur le site de Mérimdé-Bénisalamé (65) dans la vallée du Nil.
[17] Le site d'Um Direiwa en offre un exemple (cf. ElMahi A. T., 1988, p. 44).
[18] Wilkinson J. G., 1878, vol. 3, p. 157-159

guette le chercheur s'en remettant aveuglément au texte. Notons que nous ne remettons pas en cause la valeur des textes mais plutôt les interprétations qui en sont faites. Par ailleurs, ce passage met en valeur la ressemblance physique, hors traits de domestication explicites, entre le chien et le chacal. Si pour J. G. Wilkinson, la tête d'Anubis correspond à celle d'un chien, pour d'autres comme il l'écrit lui-même, il s'agit d'un chacal. Il fait ainsi la preuve qu'en dehors d'une logique d'exclusion, il est impossible de discerner le chacal des autres espèces. Il est, par le manque de caractères particuliers, impensable de désigner un canidé comme chacal, et le texte ne vient pas toujours au secours de l'égyptologue, en particulier quand l'auteur est d'une culture différente de celle du sujet qu'il traite. En revanche, une logique exclusive permet de certifier qu'il ne peut s'agir d'un lycaon du fait des oreilles pointues, d'un renard du fait de la petitesse et de la finesse de la queue, etc. C'est pourquoi aucun objet n'a encore permis d'attester clairement la présence du chacal dans le bestiaire égyptien. Cet animal est pourtant bien attesté par l'archéozoologie au moins depuis la fin du Pléistocène, vers 12 000 av. J.-C. (Ouadi Halfa[19]). L'identification d'une amulette découverte à Qau par G. Brunton[20] et celle d'une gravure par P. Hellström[21] ne présentent pas d'arguments suffisamment solides pour y voir un chacal. Comme nous l'avons vu, le chacal ne possède aucun critère zoologique caractéristique qui autorise une identification certaine dans une figuration artistique. Seuls les textes pourraient dans un contexte bien défini attester de la représentation ou non du chacal dans l'iconographie, en particulier dans la thématique du monde divin[22].

Il est à remarquer que, s'il a été confondu avec le chien, il l'a été aussi dans l'iconographie avec le lycaon, avec lequel il n'entretient pourtant aucune ressemblance, et le renard. Ce dernier animal, souvent absent des identifications opérées par les égyptologues, présente, lui aussi, des différences avec le chacal.

Il est vrai que, n'eut été sa très longue queue touffue disproportionnée par rapport à son corps et ses larges oreilles, nous pourrions le confondre avec le chacal. Toutefois, ces deux

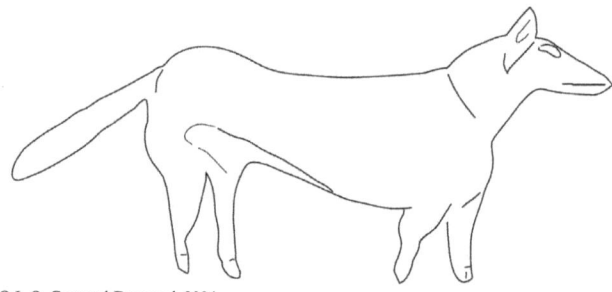

Fig. 32. Palette d'El Ahaiwah adoptant la forme d'un renard (24), fin Naqada IIIa.

critères existent et sont bien trop importants pour autoriser toute confusion puisqu'ils sont suffisamment caractéristiques pour avoir su résister à une transposition iconographique. Ajoutons un mot sur les raisons qui nous poussent à reconnaître dans cette image un renard plutôt qu'un fennec : même si les proportions soient rarement respectées, force est de constater que les éléments clefs nécessaires au décryptage de l'image sont toujours présents. Aucune volonté de mettre en valeur le fennec, en figurant un animal extrêmement petit par rapport à sa queue et ses oreilles, n'a été remarquée. Il convient donc de garder la figure du renard comme seule représentée. Le récent ouvrage de D. J. Osborn et J. Osbornova[23] conforte d'ailleurs cette opinion. La première attestation possible du renard, même si nous ne pouvons identifier le genre* (renard commun, renard du désert ou autre), serait celle d'un vase de l'University College (51) mais c'est une palette d'El Ahaiwah (24, fig. 32), remontant selon L. Watrin à la fin de Naqada IIIa[24], qui constitue la première attestation sûre. En revanche, la première attestation ostéologique de renard remonte, elle, au Mérimdéen (Mérimdé-Bénisalamé : 65). Pour en revenir à l'iconographie, signalons que cet animal est gravé au rang 5 de la face B du manche de couteau d'Abou Zaïdan (14), sur un fragment de palette de la collection Köfler-Truniger (23, fig. 38), sur la palette de la chasse[25] (26) datable de

---

[19] Reed C. A. et Turnbull P. F., 1969, p. 55.
[20] Brunton G., 1927, p. 10 et 16, pl. XVII, n°16.
[21] Hellström P., 1970, vol. 2, I=2.
[22] Cf. chap. IV.1.2.

[23] Osborn D. J. et Osbornova J., 1998.
[24] Cette tombe contient essentiellement des vases de la classe *Late*, des types L53h (Reisner G.-A., 1936, n° 8), L38a (n° 23), L36k (n° 16) donnant une datation large située entre le début de Naqada IIIa et le début de Naqada IIIc. Cependant, la présence d'une jarre de la classe *Late* du type 60t (n° 15), typique de la fin Naqada IIIa, semble indiquer une datation dans cette période.
[25] Ce n'est que récemment que l'identification comme renard a, enfin, été proposée (cf. Osborn D. J. et Osbornova J., 1998, p. 71). W. B. Emery avait, cependant, déjà envisagé ces canidés comme des chacals, donc des animaux hostiles à l'homme. L'hypothèse du chien formait néanmoins la majorité des identifications.

Fig. 33. « Épingle à cheveux » de Badari (62), d'après Brunton G. et Caton-Thompson G. (1928, pl. LIII, 21).

la fin Naqada IIIa-début IIIb[26] ainsi que sur une amulette en hématite[27] (39) et que sa peau est représentée sur la palette de Hiérakonpolis (32). Il convient de préciser que le fragment de Köfler-Truniger se rattache sans doute à la palette au Lion comme le pensait déjà J. R. Harris[28]. Cette dernière palette serait la plus ancienne des palettes dites narratives de la Dynastie 0. Pour L. Watrin[29], elle se rattacherait par son iconographie à la fois au décor des manches de couteaux d'époque Naqada IId2-début IIIa et au groupe de palettes d'époque IIIb (palettes aux lycaons) plutôt qu'aux palettes contemporaines du roi Narmer (palette aux taureaux, palette des villes et palette de Narmer). La palette au Lion pourrait dater de fin Naqada IIIa. Il est même possible que cette palette appartienne à un roi Lion ayant régné juste avant le roi Scorpion au tout début Naqada IIIa.

Pour en revenir aux objets supportant une représentation de renard, il est préférable d'en exclure l'« épingle à cheveux » de la tombe 1716 de Badari (62, fig. 33) et un manche de couteau provenant de Hiérakonpolis (13). Le premier objet offre, certes, la figuration d'un animal à queue caractéristique mais s'agit-il seulement d'un canidé ? Après tout, l'identification a été réalisée sans aucune justification[30] ce qui se comprend bien quand on connaît l'état de l'objet. Il est donc préférable de laisser cet élément de côté, d'autant que son contexte n'est pas précisément datable (SD 33-42). Le second document montre un animal qui pourrait tout aussi bien être un chacal, voire un chien, qu'un renard. Si J. E. Quibell y reconnaît un renard, la finesse de la queue, l'allongement du cou et le rapport entre la hauteur des pattes et le corps de

Fig. 34. Palette aux lycaons (30), Naqada IIIb.

l'animal ne correspondent pas à l'espèce *Vulpes*, si toutefois il s'agit bien là aussi d'un canidé.

Si le renard a longtemps été laissé dans l'ombre, dont il émerge depuis peu, un autre animal porte souvent à controverses.
Le lycaon, souvent confondu à tort avec la hyène[31], a des oreilles rondes et une longue queue touffue qui le distinguent parfaitement autant de la hyène (fig. 4.b-c) que des autres canidés. La confusion dans les travaux des scientifiques français provient certainement d'une mauvaise traduction du nom anglais du lycaon : *Hyena dog*[32]. Par ailleurs, le lycaon ne peut être rapproché du « chien sauvage »[33]. En

---

[26] D'après L. Watrin (com. pers., 2004), ce type de palette narrative, dont le contexte est inconnu, pourrait parfaitement provenir des tombes d'Abydos fin Naqada IIIa-début IIIb située dans le secteur sud de la nécropole U (entre la tombe U-j et celle de Narmer).
[27] Pris pour un chacal par W. M. Fl. Petrie (1920, p. 15) et pour un chien par J. Vandier (1952, p. 397), ce sont D. J. Osborn et J. Osbornova (1998, p. 71) qui proposent, pour la première fois, d'y reconnaître un renard.
[28] Harris J. R., 1960.
[29] Watrin L., com. pers., 2004.
[30] Brunton G. et Caton-Thompson G., 1928, p. 58.

[31] La confusion est d'autant plus importante qu'il ne s'agit pas de la même famille (cf. chap. I.1.3.).
[32] Cf. tabl. 2.
[33] Cf. chap. I.1.4. et chap. I.2.1.3.

Fig. 35. Palette de Harkness (27) possédant un *serekh* anonyme parfois attribué au roi Faucon (Naqada IIIb).

effet, outre le fait que le lycaon n'est pas un chien, aucun pariah, seul type* de chien reconnu comme marron en Égypte, ne présente des oreilles rondes.

Ces informations intégrées, il convient de restituer à la palette dite encore aux chiens, parfois aux hyènes[34], son nom de palette aux lycaons (30, fig. 34). L'importance de cette pièce ne doit pas oblitérer la multitude de pièces analogues de provenances inconnues qui selon L. Watrin remontent à Naqada IIIb, date d'apparition et de concentration du thème. Par analogie avec le matériel découvert à Minshat Abou Omar[35] (tombes 1800 et 1640) présentant un *serekh* anonyme surmonté d'un faucon comme celui de la palette de Harkness (27,

fig. 35), L. Watrin suggère de dater cet objet de Naqada IIIb. Par extension, ce chercheur propose que le thème même du lycaon, présent donc sur la palette de Harkness, soit à situer dans cette période. C'est ainsi que les palettes de Munagat (28, fig. 39), de Mac Gregor (29), de Michailidis (31) et de Hiérakonpolis (32) doivent être considérées comme remontant au Naqadien IIIb. Si la première attestation ostéologique remonte, elle, au Mérimdéen (Saggai, Mérimdé-Bénisalamé[36]), le thème iconographique lui n'apparaîtra donc qu'à Naqada IIIb pour disparaître aussi soudainement qu'il était venu au jour. Les véritables raisons en restent à ce jour inconnues. Alléguer, comme motif, la disparition du support (palette) est peu vraisemblable. En effet, la représentation du lycaon réapparaîtra bien plus tard sur un autre support : les murs de tombes de la XIIe dynastie (tombe d'Uk-Hotep par exemple).

Ainsi, nous savons que les espèces présentes de façon certaine dans l'iconographie sont le renard et le lycaon. Par ailleurs, étant donné que l'ostéologie a révélé la présence d'autres espèces (fennec à Mérimdé : 65) qui n'ont jamais fait l'objet d'une figuration, force est de constater que la présence dans l'iconographie des espèces susmentionnées résulte bien d'un choix.

Chacun sa place

Il est donc nécessaire d'étudier chaque animal dans son contexte avant d'analyser ce qui le différencie des autres, seul moyen de compréhension de sa fonction au sein de la société égyptienne. Pour ce faire, il convient de voir s'il existe un lien entre leur utilisation matérielle (os, peau, etc.) et leur utilisation formelle (iconographie). Ce travail effectué, il sera possible d'envisager sous un nouveau jour le rôle des canidés dans l'iconographie naqadienne, ce qui facilitera notre compréhension de leur situation dans le monde divin.

Ostéologie et iconographie chez les canidés sauvages

S'il peut être normal de trouver des vestiges ostéologiques de chien dans un site d'habitat, il n'en va pas toujours de même des restes de canidés sauvages. Pour des raisons diverses, il

---

[34] Il était encore possible en mars 2004 de lire au musée du Louvre : palette aux lycaons ou aux hyènes.
[35] Brink E. C. M. van den, 2001, p. 30, fig. 1.b.1.9.

[36] Cf. Gautier A., 1983 ; Driesch A. von den et Bœssneck J., 1985.

arrive qu'on ne puisse rien dire avec certitude quant à l'utilisation de l'animal, le contexte n'étant pas toujours clair[37]. C'est ainsi que les découvertes, réalisées à l'occasion de sondages, ne fournissent souvent que des renseignements fragmentaires. Parfois, les unités stratigraphiques sont tellement incompréhensibles que le chercheur ne sait plus si l'animal est venu mourir de lui-même à l'endroit d'un antique site d'habitat ou si la présence de ses vestiges est le résultat d'une intervention humaine. Les vestiges découverts en fouille extensive ne posent pas ce problème en général[38]. Les animaux étant sauvages et aucune ménagerie n'existant à cette époque (les premiers signes d'une telle notion remontent à la Ire dynastie[39]), il faut en conclure que ces derniers n'ont pas été amenés vivant au camp. La remarque est importante car s'il ne peut s'agir d'animaux vivants, c'est qu'ils ont été rapportés morts. Quoiqu'évidente, notre conclusion souligne parfaitement une chaîne opératoire des pratiques de chasse à l'époque. Précisons néanmoins que l'utilisation des animaux sauvages ne devait pas être systématique ce qui expliquerait la faible quantité de vestiges retrouvés. L'absence de sépulture n'est pas à mettre en relation avec un traitement particulier du chien, et donc des espèces domestiques, par rapport au sauvage puisque des gazelles ont eu droit aussi à cette distinction[40]. C'est donc bien le canidé sauvage qui est exempt d'attentions particulières. Dans ce cas, ce qui explique là aussi le peu de vestiges mis au jour, pour quelle(s) raison(s) le retrouve-t-on dans un contexte anthropique* ? La question se pose d'autant plus que, si aucune dépouille complète n'a été inhumé, aucune partie d'animal n'a jamais été retrouvée associée à une sépulture comme l'ont été le chien et certains animaux[41]. De fait, la seule raison qui puisse être envisagée de la présence d'espèces sauvages dans un contexte anthropique est celle d'une consommation. Certes peu fréquente au vu du nombre d'ossements, la consommation est la seule raison de la présence de canidés sauvages sur des sites d'habitat. Rien de surprenant à cela puisque A. Gautier a déjà mentionné le chacal et le renard comme faisant partie de l'alimentation de l'homme égyptien du paléolithique supérieur tardif[42] (20 000-8000 av. J.-C.). Il précisait alors que cette nourriture était peu fréquente, ce qui correspond, par ailleurs, à ce que nous avons démontré. Il mentionnait aussi la hyène qui sera, comme nous le précise H. G. Fischer[43], consommée aussi à l'Ancien Empire et engraissée à cet effet. Si nous mentionnons la hyène, c'est que nous disposons d'informations sur son usage alimentaire. Celui-ci offre de grandes similitudes avec celui des canidés sauvages même s'il s'agit d'une famille différente. Nous constatons donc que des animaux qui, *a priori*, ne sont pas spécifiquement faits pour la consommation peuvent en devenir l'objet. Cette consommation reste, bien entendu, épisodique (disettes ?).

L'usage matériel des canidés sauvages paraît donc différer très largement de leur utilisation dans l'iconographie. Non seulement ils ne sont jamais présentés consommés mais en plus certains possèdent une place privilégiée (lycaons héraldiques), dépassant sans conteste l'importance du chien relégué au second plan. Le cas du thème de la fusion en est un bon exemple[44]. Néanmoins, et bien que les dents perforées de Mérimdé-Bénisalamé (37) soient un exemplaire unique de collier en dents de chiens, les canidés sauvages ont certainement dû servir, eux aussi, à la confection. En effet, si l'on se réfère à l'iconographie, la queue postiche de renard représentée sur la palette de Narmer (35) et la palette de la chasse (26) ainsi que la dépouille de renard (vêtement du personnage de la palette de Hiérakonpolis) montrent que les Égyptiens se servaient au moins du renard pour la confection (parure et habit) ; nous reviendrons sur l'usage de ces produits plus tard. En conséquence, si la rareté des vestiges osseux n'a rien de surprenant, la persistance de cette « pénurie », pour des espèces ayant servi à la confection, est déconcertante.

Il ressort donc du matériel archéozoologique que le sauvage n'a pas la même valeur que le domestique aux yeux de l'homme du IVe millénaire. Notre analyse ne serait cependant pas complète sans une étude de l'iconographie, à laquelle nous avons souvent fait appel sans pousser l'analyse. C'est ainsi que nous pourrons tenter de comprendre le message transmis par l'image du canidé sauvage.

---

[37] Cf. Kom W dans le Fayoum (72), Bir Terfawi (84), Nabta Playa (85), Saggai (91), etc.
[38] Cf. Adaïma (81), El Kadada (88), Es Shaheinab (89), Kadero (90), etc.
[39] Cf. mastaba d'Hemaka à Saqqara (70).
[40] Cf. Petrie W. M. Fl. et Mace A. C., 1901, p. 33.
[41] Cf. Reisner G.-A., 1910, p. 117 (chien) et p. 192 (chèvres) ; Habachi L., 1939, p. 773-774 (chien)...

[42] Gautier A., 1988a, tabl. 1.
[43] Fischer H. G., 1980, col. 77.
[44] Cf. chap. III.2.2.2.1.

De l'utilisation du canidé sauvage

Si le sauvage possède des thématiques communes au domestique (protection, religion, etc.), un certain nombre de thèmes lui est propre. Ainsi en est-il de la fusion qui est, dans la littérature égyptologique, trop souvent attribuée au chien. De plus, la place de chaque espèce n'est pas toujours bien cernée. Le cas d'école est celui du chacal que nous étudierons à la fin de cette partie.

Le sauvage comme force protectrice

Parmi les thèmes iconographiques communs aux deux mondes (domestique et sauvage) se trouve, en plus des thèmes religieux qui font l'objet d'un autre chapitre, celui de la protection. Par protection, il faut entendre la protection du porteur, et non celle de l'objet telle qu'elle se présente avec les palettes[45]. À l'image des amulettes de canins, la force protectrice se présente sur un support identique. Parmi les deux amulettes de renard connues, le groupe de Mostagedda (38, fig. 25) était sujet à controverse. En effet, nous avons déjà évoqué que si l'identification comme *chien* prévalait auparavant, il fallait aujourd'hui y reconnaître très certainement un renard[46]. Avant de poursuivre, précisons que les amulettes de Mostagedda et l'amulette en hématite découverte par W. M. Fl. Petrie (39) qui vont servir les propos qui suivent ont la particularité de posséder leur orifice de suspension sous le cou de l'animal : le porteur voit donc la tête de l'animal tournée vers lui.

Malheureusement, hormis l'identification des animaux, il est impossible de donner les raisons qui ont dirigé le choix des Égyptiens vers le renard, support de protection. À moins de considérer ces amulettes comme la première forme d'une divinité canine, la nature de leur protection reste donc inconnue. Au mieux pouvons-nous remarquer que le renard est un des animaux proposés comme étant la forme de la figure d'Anubis[47]. Bien qu'une identification spécifique s'accorde mal avec les autres informations sur le sujet, ces amulettes pourraient être un des aspects canins de la divinité que les Égyptiens évoquaient pour qu'elle les aide, une fois morts. H. Te Velde, pour la période historique, n'écrit-il pas à ce sujet que « *many of them* [les amulettes] *are images of gods and goddesses that can be read as three-dimensional ideograms.*[48] » À ceux qui opposeraient l'absence de preuves quant à la notion de divinité chez le canidé, nous répondrons qu'il ne s'agit là que d'une hypothèse dont les fondements remontent à ces amulettes auxquelles fait allusion H. Te Velde. À ce titre, toutes les critiques sont permises, mais l'hypothèse a du moins le mérite d'exister et de reposer sur une logique linéaire. De plus, il faut ajouter que le renard, dont des restes osseux ont révélé la présence au mérimdéen, joue un rôle important dans l'iconographie préhistorique comme nous allons le voir.

Entre deux mondes

Le renard, le lycaon, le chacal et le fennec sont les animaux du quotidien qui composent le monde sauvage des canidés, au moins pour les Égyptiens des temps pré-pharaoniques. Parmi ceux-ci, le lycaon et le renard ne sont pas seulement, dans l'art, l'antithèse du chien, représentants du sauvage par rapport au domestique, mais des défenseurs de l'ordre naturel, des producteurs d'énergie. Ils sont des éléments de la nature avec lesquels l'homme, même s'il s'en protège, entretient des rapports privilégiés.

La fusion

Avant d'aller plus loin, une définition du mot *fusion* s'impose. La fusion est l'acte par lequel un sujet entre en résonance harmonique avec un objet grâce à un moyen matériel ou symbolique. Cette alliance, dans le cas qui nous occupe, s'opère entre le sujet-homme (guerrier, chasseur, dirigeant) et l'objet-canidé. Si les moyens employés sont divers, l'objet-canidé reste le même : le renard. C'est avec une partie de l'animal (queue, peau) ou l'animal lui-même que s'opère la transformation. Si le résultat ne présente, lui, aucune différence (assimiler la ou les qualités que les Égyptiens prêtent à l'animal), les Égyptiens se les octroient de plusieurs façons.

La première attestation de la pratique de la fusion remonte à la palette de Hiérakonpolis (32) datée de Naqada IIIb[49]. La référence concerne,

---
[45] Cf. palette de Harkness (27, fig. 35), de Hiérakonpolis (32), etc.
[46] Cf. chap. II.3.4.1.2.
[47] Cf. chap. IV.1.2.

[48] Velde H. Te, 1986, p. 65.
[49] Si cette palette se rattache à un groupe d'objets découverts dans le *Main Deposit* de Hiérakonpolis, la présence du thème du lycaon pour les raisons développées précédemment (cf. fin du chap.III.1.2) amène L. Watrin (com. pers., 2004) à situer cette palette aux environs de Naqada IIIb.

bien entendu, le personnage flûtiste. É. Gady a fait une bonne synthèse sur la controverse qui touchait ce personnage[50]. La conclusion en était que le personnage ne pouvait être autre chose qu'un être humain recouvert d'une dépouille animale. Après avoir noté que les membres ne sont pas animaux, si la tête et une partie du corps le sont, il ressortit de l'analyse des terminaisons qu'elles étaient ployées en dedans et au nombre de cinq (pied droit). De tels éléments ne peuvent qu'être caractéristique de doigts comme chez l'homme et le singe. Il ne s'agit donc pas de griffes. Par ailleurs, une rapide comparaison entre les différentes représentations de pattes animales avec les appendices de la palette de Hiérakonpolis confirmait une distinction entre les deux types de terminaisons. Quant à la question de la dépouille, ce sont J. Pâris et A. Muzzolini qui nous donnent une réponse. Ainsi, J. Pâris convenait qu'il s'agissait d'une dépouille que le personnage « aurait fixée à sa taille par une ceinture laissant passer ses jambes et ses bras[51] ». Mais, c'est avec l'étude d'A. Muzzolini que l'hypothèse fut confirmée. Il indique, dans le cadre des gravures rupestres, que le « masque a une limite basse, qui devrait être marquée par une ligne à peu près horizontale à hauteur du buste ou ceinturant le cou[52] » ; or la ligne visible sur le personnage n'est pas à cette place mais sur la taille. Il ne peut donc s'agir d'un simple masque comme celui de la fig. 36. De fait, si à la suite de J. Vandier-d'Abbadie nous y reconnaissons un renard[53], ce n'est pas en tant qu'humanimal mais que dépouille revêtue par un être humain. Les comparaisons de J. Vandier-d'Abbadie ont néanmoins l'avantage de montrer que l'élément tenu par l'homme peut tout à fait être une flûte (les représentations des ostraca sont semblables). Un texte de Strabon[54] permet, d'ailleurs, de comprendre la possible raison de l'association des éléments que nous avons évoqués : humain, dépouille animale, instrument de musique. Dans son récit, il explique comment, dans les pays

© J.-O. Gransard-Desmond, 2004.

Fig. 36. Masque articulé en bois représentant la tête d'Anubis (XXIe dynastie, Musée du Louvre).

du Haut Nil, les chasseurs traquent l'autruche ainsi : après s'être recouverts, pour ne pas les effrayer, de dépouilles d'autruches, les chasseurs imitent leur cri pour les attirer dans un ravin. Aristote conte des pratiques semblables lorsqu'il écrit que « la capture des cerfs que l'on chasse se fait à l'aide de flûtiste et de chanteurs.[55] » Un autre exemple de ce type de chasse, mais contemporain aux néolithiques, est présenté dans les gravures rupestres des *Earliest Hunters*. Sur l'une d'elles, un homme porte un masque à bec tout en tenant son chien en laisse[56]. Sur une autre, des hommes à têtes de gazelle chassent le buffle[57]. Beaucoup plus moderne, P. Schebesta parle de l'utilisation d'instruments de musique, dont la flûte, pour tromper les animaux par leurs bruits caractéristiques[58]. L'usage d'instruments est donc bien une réalité qu'il est possible de transposer à l'Égypte antique. Il peut paraître étrange d'utiliser un animal chasseur comme

---

[50] Gady E., 1992.
[51] Pâris J., 1907, p. 3.
[52] Muzzolini A., 1991, p. 18.
[53] Ce chercheur se fonde sur deux ostraca du Nouvel Empire retrouvés à Deir el Medineh (Vandier-d'Abbadie J., 1937, n° 2294 et 1960, n° 2844) où, dans le premier (conservé au Louvre, E14368), nous voyons un renard avec une double flûte faisant danser une chèvre ou un ibex. Dans le deuxième ouvrage, l'ostracon représente un bouc et deux renards dont l'un souffle dans un double hautbois. Il est affublé d'un pagne et d'une fleur de lotus sur la tête. J. Vandier-d'Abbadie a donc pensé que ces ostraca faisaient référence à des fables orales. Effectivement, J. Vandier-d'Abbadie démontra qu'une relation entre le deuxième ostraca et une fable d'Ésope (*Le chevreau et le loup*, n° 134) était manifeste. La fable est racontée par J. Capart (1939) ; de là R. Weil (1961, vol. 2, p. 349) conclut qu'il s'agit bien d'humanimaux* (fig. 37).
[54] Strabon, *Géographie*, XVI, 4, 11.

[55] Aristote, *Histoire animale*, IX, 5.
[56] Cf. Winkler H. A., 1939, pl. LV, 2.
[57] Cf. Crompton W. M., 1918, p. 58.
[58] Schebesta P., 1940, p. 181-182.

le renard pour se camoufler mais Brehm[59] ne rapporte-t-il pas que les Indiens d'Amérique du Nord s'approchaient des bisons camouflés sous des dépouilles de loups ? De même que le choix d'un animal chasseur n'est pas antithétique d'un camouflage, de même la figuration d'un musicien camouflé sous une dépouille animale peut correspondre à une chasse. Cette pratique amène l'homme à fusionner avec l'animal qui lui sert de couverture. Il va alors en prendre les caractéristiques physiques (odeur, cris, couleur, etc.). Il faut bien avouer cependant que l'hypothèse d'une chasse ne fait pas l'unanimité des chercheurs. Si chacun s'accorde, en général, à voir une dépouille de renard portée

qu'elle était celle du renard à l'origine car la palette de la chasse est le plus ancien objet (fin Naqada IIIa-IIIb) qui met en valeur cet élément, ce que J. Leclant et P. Huard rappelaient déjà en 1980[64]. À la différence de l'exemple précédent où l'homme se cachait derrière l'animal au moyen de sa dépouille, il ne s'agit plus d'une fusion semi-complète mais partielle[65]. Dans ce dernier cas, l'homme ne fait que s'octroyer une partie des qualités de l'animal. L'image de *grand féticheur* donnée par J. Yoyotte est, à ce titre, parfaitement justifiée. Le fétiche donne diverses facultés à son possesseur, en fonction de ce qui est reconnu à l'objet par la société où le fétiche est en usage. Ainsi, la faculté peut

Fig. 37. Papyrus peint du British Museum présentant des humanimaux dont un renard flûtiste, XXᵉ dynastie (Robins G., 1997).

par un homme, les raisons du travestissement diffèrent beaucoup selon les égyptologues. S. Schott préfère y voir la construction d'un monde chaotique vers un monde ordonné[60]. De même, H. Asselberghs parle de l'image de l'apprivoisement du monde[61]. En revanche, si J. Leclant et P. Huard refusent de cautionner l'image d'un monde divin, ils attribuent un rôle magique au personnage flûtiste, et peut-être un « caractère mythique[62] ». Quelle que soit la thématique de la scène, ce qui est important pour nous, c'est qu'il s'agit d'un être humain revêtu d'une dépouille animale ; il y a donc fusion.

Tel est le cas aussi sur la palette de la chasse (26). La dépouille a été remplacée par une partie de l'animal mais son rôle reste identique. D'ailleurs, la queue qu'arborent ces hommes est certainement le précurseur de la queue postiche qui sera l'apanage de pharaon en tant que « grand féticheur », selon l'expression de J. Yoyotte[63]. Bien que la forme de la queue ait varié au cours du temps, il est permis de dire

concerner l'assimilation de la qualité de l'animal ou, au contraire, une protection à l'égard de ce dernier. Il peut aussi s'agir d'une aide transmise au porteur, ce qui, dès lors, outrepasse la qualité réelle de l'animal (sens, instinct, couleur…) par la valeur que l'homme lui prête. L'emploi d'une partie du corps est donc différent de la fusion semi-complète, différant elle-même de la fusion complète, par une forme d'assimilation autre. Avant d'en discuter, précisons que, dans l'utilisation examinée, les mécanismes de l'utilisation de tout ou partie de l'animal peuvent être envisagés si les raisons qui ont motivé le choix du renard restent obscures pour le moment. Ces qualités attribuées par l'homme nous restent inconnues.

Si la fusion partielle est une étape vers la fusion complète, il n'en reste pas moins que l'élément figuré conserve forme humaine. En revanche, lors d'une fusion parfaite, la figure humaine laisse place à une figure animale. Le seul exemple que nous connaissons pour le prédynastique

---

[59] Brem, *Les mammifères*, vol. 2, p. 658.
[60] Schott S., 1950, p. 15-16.
[61] Asselberghs H., 1961, p. 285-286.
[62] Leclant J. et Huard P., 1980, vol. 2, p. 449.
[63] Yoyotte J., 1959, p. 203.

[64] Leclant J. et Huard P., vol. 1, p. 117 et 119.
[65] Il est bien entendu que la désignation « partielle » porte sur le fait que seule une partie du corps de l'animal est concernée alors que la désignation « semi-complète » implique le port de la dépouille complète par l'homme et la fusion « complète » ne présente plus que l'animal.

est gravé sur le fragment de palette de Köfler-Truniger[66] (23, fig. 38). Quand bien même ce ne serait pas le cas, le fragment est suffisamment explicite pour qu'il soit permis d'en comparer l'iconographie à celle de la palette aux taureaux (34, fig. 29). Ainsi, sur le fragment de Köfler-Truniger, un renard, reconnaissable à sa longue queue touffue, piétine un homme à terre, les bras dans le dos. Le renard terrasse donc l'ennemi comme le font le lion et le taureau. Il est à noter que, malgré des affrontements tribaux[67], le chien n'est jamais représenté dans une scène de combat (la chasse n'est pas la guerre). Toutefois, les hommes de la préhistoire s'en sont certainement servis comme arme. Cela paraît vraisemblable puisqu'il existait des molossoïdes depuis Naqada IIc-d1 au moins, comme l'atteste une poterie de la classe D provenant d'Hammamiya (59), et que, durant la Première Période Intermédiaire, le chien fut utilisé comme auxiliaire dans la police[68]. Les raisons de cette absence dans l'iconographie ne sont pas claires. Le thème des forces animales terrassant l'ennemi n'a certes rien de surprenant puisqu'on le retrouve à la période pharaonique. À cette époque, la fusion s'effectue dans l'écrit : les épithètes de pharaon en donnent un exemple comme celui de Taureau Puissant. La fusion complète ne peut alors appartenir qu'au souverain. Lui seul est capable de maîtriser les forces de la nature jusqu'à prendre l'apparence de certaines d'entre elles pour les mettre à son service. Toutefois, si les raisons du thème trouvent une réponse dans ce qui précède, cela n'explique pas pourquoi sur le fragment de palette de Köfler-Truniger un renard piétine un ennemi là où l'on aurait pu s'attendre à trouver un chien. Encore une fois, aucun document ne s'offre au chercheur, pas même les documents postérieurs.

Malgré tout, force est de constater l'importance du renard dans l'iconographie, et ce n'est certainement pas un hasard. Était-ce la ruse de l'animal que les peuples du IVe millénaire avaient souhaitée mettre en valeur ? Rien n'est moins sûr. Peut-être est-il plus raisonnable d'y voir un lien avec les conceptions divines de l'époque ? Rien ne le justifie cependant[69]. De la diversité des supports et des usages, un autre constat s'impose. Chaque objet met en scène une valeur différente de la fusion. Si le premier présente une fusion semi-complète, le second met en valeur une fusion partielle dont la fonction explicite est d'attribuer une qualité spécifique au porteur. Celle-ci peut être aussi bien un caractère de l'animal que toute valeur symbolique prêtée à l'animal par la société du moment, et qui nous échappe aujourd'hui. Pour terminer, la fusion, mise en scène par le dernier objet, a pour fonction de faire intervenir la nature dans l'organisation du monde. Nous pensons donc qu'il faut dater au moins du naqadien IIIa les palettes présentant une fusion complète. En corollaire, une telle thématique ne peut avoir sa raison d'être qu'auprès d'un personnage auquel est prêté une puissance suffisante. Les rois de la Dynastie 0 semblent être les premiers à pouvoir mettre en place une telle iconographie inaugurée par le roi Lion, sans doute un des premiers souverains de cette dynastie comme le suggère L. Watrin. Il serait bon de trouver d'autres objets afin de préciser ces données. Avant de poursuivre et d'en venir aux conceptions divines, voyons jusqu'où le domestique et le sauvage s'interpénètrent.

La frontière

J. Baines fut le premier à mettre en évidence, grâce à l'iconographie des palettes et en particulier à celles ornées de lycaons héraldiques, l'existence d'un intermédiaire entre le domestique et le sauvage[70], idée fort pertinente mais que J. Baines ne développe pas complètement. Avant de voir

Fig. 38. Renard piétinant un ennemi sur le fragment de Köfler-Truniger (23), Naqada IIIa (Musée de Zürich, 1961, fig. 8).

---

[66] Cf. fin du chap. III.1.2 pour la datation.
[67] Cf. note 151 du chapitre II.
[68] Une stèle est dédiée à un chien policier (MFA 0.1848, Musée de Boston).

[69] Cf. chap. IV 1.2.
[70] Cf. Baines J., 1993.

Fig. 39. Chiens s'allaitant auprès de lycaons femelles sur la palette de Munagat (28), Naqada IIIb.

Fig. 40. Chienne allaitant ses petits, Ancien Empire (d'après Fischer H. G., 1958, fig. 22).

les différents supports et motifs intégrant la notion de frontière, il convient de s'attarder un instant sur le rôle du lycaon.

Quasiment absent des données ostéologiques et parfaitement inconnu sur sites d'habitat[71], le lycaon surgit brusquement dans l'iconographie, où il tient une place d'emblée privilégiée sur les palettes (motif héraldique). Le mot *surgir* convient d'ailleurs à merveille. En effet, le lycaon, à l'image de la civilisation égyptienne, apparaît de nul part, du moins en apparence. Sa disparition au début de la Ire dynastie, dont nul ne connaît les raisons, est d'ailleurs tout aussi soudaine que son apparition. Différentes hypothèses au sujet de sa disparition ont été proposées mais aucune ne semble satisfaisante. Certaines font allusion à la disparition du support (palette historiée) auquel le thème était intimement lié. D'autres proposent l'extinction pure et simple de l'espèce.

Une dernière possibilité, dépendante du rôle prêté par J. Baines au lycaon, reste à envisager. Selon ce chercheur, le lycaon formait le lien entre ce qui était « *completely wild and tame, human and animal*[72] ». Une analyse approfondie montre bien la pertinence de l'hypothèse. Si l'on se réfère aux représentations des palettes de Munagat (28, fig. 39), de celle de Hiérakonpolis (32) et de tous les fragments comportant un ou plusieurs lycaons en protomé datant de Naqada IIIb, que constatons-nous ? Tout d'abord, le lycaon encadre par son corps le contour de la palette (parfois, une partie se dégage en protomé de l'objet), et donc la palette ainsi que la scène représentée au centre de l'objet. De fait, il supervise, régit, protège la scène qu'il entoure mais aussi la palette elle-même. Ensuite, la nature même de la scène met en valeur le fait que l'animal encadre une représentation, elle-même mettant en scène autant d'animaux sauvages, ou fabuleux, que d'animaux domestiques (chiens). Parfois, l'homme peut même y être associé (flûtiste de la palette de Hiérakonpolis). La scène offre donc un décor où se mêlent le domestique et le sauvage auquel le lycaon ne semble pas prendre part.

Toutefois, la palette de Munagat révèle une scène d'allaitement, par des lycaons héraldiques, d'animaux domestiques (chiens). Déjà H. G. Fischer s'était intéressé à la question et

---

[71] Cf. tabl. 3.

[72] Baines J., 1993, p. 69.

Fig. 41. Vase de Diospolis Parva présentant des chiennes (50), classe C vers Naqada Ic (Petrie W. M. Fl. et Mace A. C., 1901, pl. 14.93b).

avait démontré, à partir de la petite palette de Harkness datée de Naqada IIIb (27, fig. 35), que la palette de Munagat, peut-être un peu plus récente, présentait bien des chiens en train de téter, et non autre chose[73]. Sa démonstration reposait sur la comparaison des chiens de la petite palette de Harkness avec ceux de la palette de Hiérakonpolis (particulièrement le chien en bas, à droite, auquel il manque le collier). En se basant sur cette démonstration, il faut donc reconnaître que ce sont également des chiens qui se trouvent sur la palette de Munagat (28, fig. 39). Pour en revenir à la démonstration de H. G. Fischer, s'il ne peut s'agir de chiots, comme le démontre remarquablement ce chercheur, la queue des animaux ne correspondant pas à ceux de la petite palette d'Harkness dont l'iconographie est semblable à celle de la palette de Munagat[74], il ne faut pas en conclure que les chiens attaquent les lycaons femelles. Au contraire, il s'agit bien d'une tétée. À ce stade, une digression s'impose sur un des autres aspects qui illustre la frontière entre le domestique et le sauvage : le thème de la femellité*.

Si H. G. Fischer considère la scène évoquée comme la confrontation entre des chiens et des lycaons femelles, K. M. Cialowicz y voit une scène d'allaitement. Pour ce chercheur, la tétée permet aux chiens « (de) prendre magiquement leurs forces [aux lycaons] ou (de) remonter les siennes[75] ». Cette idée s'accorde mieux avec le matériel que celle de H. G. Fischer qui n'entrevoyait la possibilité d'un allaitement que s'il s'était agi de jeunes lycaons se nourrissant auprès de leur mère[76]. Mais, comme nous venons de le démontrer plus haut, la queue recourbée et les oreilles tombantes n'autorisent aucune autre solution que celle de chiens adultes. À la suite de K. M. Cialowicz, J. Baines a aussi été partisan de la scène d'allaitement. Ce chercheur considère lui aussi que cet allaitement est source d'un lien entre sauvage et domestique mais il va plus loin en ajoutant que l'homme (le maître des chiens), absent physiquement, est implicitement intégré à la scène. L'artiste aurait donc opéré une assimilation entre humain et animal[77]. Nous avons déjà fait la démonstration de l'image du chien comme marqueur de la présence humaine et du lien qui les unit au chapitre II.3.4, grâce en particulier au passage concernant un vase de Bruxelles (54, fig. 23). Ce ne sont donc plus les chiens qui intègrent la force du sauvage mais bien l'homme. Dès lors, la femellité comprend une nouvelle notion, celle de la distance séparant le domestique du sauvage où le lycaon femelle représente l'intermédiaire entre les deux mondes. Ceci permettrait d'expliquer la disparition du thème du lycaon qui s'intègrerait ainsi dans la modification fondamentale des valeurs de la fin de la préhistoire où l'homme n'est plus un animal comme les autres[78].

Il convient de revenir sur le rôle du chien car, si le lycaon symbolise la frontière entre le domestique et le sauvage, le canin est lui aussi vecteur de *réconciliation* entre ces deux éléments. Il l'est de deux manières : par sa nature[79] et par la fonction de la chienne reconnaissable à ses mamelles[80] dès Naqada Ic ou éventuellement aux proportions de son ventre (proéminence signalant une mise à bas imminente ?) qui montrent la volonté du prédynastique à réconcilier ou assimiler les forces extérieures, sauvages à son monde. Bien que le cadre (extérieur à l'humain) et le support (poterie et statuaire) soient différents de ceux du lycaon femelle, l'ensemble du thème reste le même. B. Menu mentionne, d'ailleurs, l'association des femmes et des femelles aux

---

[73] Fischer H. G., 1958, p. 79.
[74] Une statuette (45, fig. 17) et un sceptre provenant de Hiérakonpolis (41) le prouvent. Il ne faut pas oublier la diversité des types (mastiff). Il s'agit bien, dans ces palettes, de chiens adultes comme le présentent la longueur et la courbure de la queue (comparer avec la fig. 40).

[75] Cialowicz K. M., 1991, p. 50.
[76] Fischer H. G., 1958, p. 83.
[77] Baines J., 1993, p. 63.
[78] Cf. chap. IV.2.
[79] Le chien *est* domestique mais provient du monde sauvage par son ancêtre le loup.
[80] Triangle sous le ventre de l'animal représenté comme sur la fig. 39 et sous une autre forme sur la fig. 41.

mères primitives[81] ; en fait, le caractère divin du principe de femellité trouve son expression dans la fécondité, la fertilité. Il est donc normal d'assimiler la représentation de la femelle à celle de la femme. Ch. Desroches-Noblecourt propose, pour sa part, qu'une statuette conservée au Louvre (46, fig. 30) qui représenterait une chienne prête à mettre bas soit la manifestation d'Isis-Sothis. En tant que tel, elle serait, par sa délivrance prochaine, « le présage du renouvellement de l'année, de la renaissance du mort, renaissance qui [...] assurera la victoire de la puissance productrice et féconde sur la stérilité desséchante[82] ». Un rapprochement aussi étroit de forme paraît, néanmoins, bien hasardeux au vu de la chronologie et des bouleversements entraînés par le passage dans l'histoire, aujourd'hui situé au début de l'époque de Naqada IIIa comme le montre l'apparition des premiers documents écrits dans la tombe U-j. Autant certains principes exprimés par le thème de la femellité (fertilité et fécondité) peuvent être compris comme tel, autant la notion de divinité peut difficilement être cernée à partir de quelques objets. Tout au plus, pouvons-nous supposer que la chienne à l'image du lycaon femelle représente un lien entre le domestique et le sauvage.

Souvent oublié, la femelle se révèle très présente dans l'iconographie. Dès lors, il est surprenant qu'il ne soit pas plus présent en ostéologie. Bien évidemment, les limites de l'archéozoologie sont une cause de cette absence. En dehors de la présence de l'os pénien, il semble que les archéozoologues n'ont pas réussi à mettre en valeur de critères discriminants pleinement efficace à ce jour dans la distinction mâle-femelle chez les canidés[83]. Toutefois, même une information négative serait bienvenue, ne serait-ce que pour attester du souci que le chercheur a porté à la question. Espérons que les prochaines études fourniront quelques informations. Remarquons enfin que ce thème permet à l'homme de s'imposer, d'ordonner le monde sauvage, d'une toute autre manière que celle étudiée jusqu'à présent. Est-ce une nouvelle manière de présenter la prise de pouvoir de l'homme sur les éléments non maîtrisés ? Pour H. G. Fischer, ceci semble improbable car si cette volonté est marquée sur la palette de Narmer (35) par les deux hommes maintenants en laisse les serpopards, « *Lycaon pictus, does not seem to embody some inimical or dangerous force that must be driven off*[84] ». À une prise de pouvoir, nous préférons considérer ce thème comme un moyen de s'intégrer à un milieu différent du sien.

Avant de poursuivre, il est indispensable de dire quelques mots sur le chacal. Même si le loup est l'ancêtre du chien, le chacal a longtemps été considéré comme tel pour l'Égypte, et aujourd'hui encore cette thèse trouve des partisans[85]. La raison de cette association s'explique fort bien tant les deux animaux sont proches extérieurement, du moins en Égypte. Les dimensions de leurs os, pas plus qu'avec le loup, ne sont très éloignées[86]. Il arrive d'ailleurs souvent que les archéozoologues hésitent entre chien et chacal. La présence de ce dernier est néanmoins attestée sur différents sites. Les populations du IVe millénaire le connaissaient donc[87]. En revanche, dans l'iconographie, rien ne prouve sa présence. Comme nous l'avons déjà maintes fois répété, en dehors des marques de domestication matérielle (collier, laisse, etc.) et/ou physique (queue recourbée, oreilles pendantes, formes anormales), il est impossible de différencier un chien d'un chacal. La logique d'exclusion ne fonctionne pas plus car le chacal ne possède aucun trait strictement personnel comme le lycaon (oreilles circulaires, longue queue touffue) ou le renard (oreilles longues, longue queue touffue disproportionnée par rapport au corps). La confusion entre le chien et le chacal est, somme toute, épisodique. De fait, peut-on y voir le signe d'un acte conscient des gens du IVe millénaire ? Que la conscience de cet acte soit pour fusionner le chien et le chacal (expression de la frontière entre le domestique et le sauvage) ou parce qu'il était inutile, pour les Égyptiens, de différencier l'espèce (expression d'une entité canidé), dans les deux cas la notion de frontière est présente. Cependant, l'une concerne le monde physique, naturel et l'autre un monde abstrait, divin. Peut-on, alors, être certain que ce dernier fut l'objet de représentations bien que les Égyptiens du IVe millénaire aient connu cet animal ? Rappelons que le fennec, dont les vestiges osseux, certes peu nombreux, furent découverts dans des conditions identiques à celles du chacal, est absent du bestiaire de cette

---

[81] Menu B., 1998, p. 19.
[82] Desroches-Noblecourt Ch., 1979, p. 116.
[83] Cf. aussi chap. II.3.3. au sujet des vestiges osseux de gazelles.
[84] Fischer H. G., 1985, p. 53.
[85] Cf. chap. I.2.1.
[86] Pour les raisons qui ont amené à considérer le loup comme seul ancêtre du chien voir le chap. I.2.
[87] Cf. tabl. 3.

époque. Il en va donc, peut-être, de même du chacal.

Il semble donc illusoire de vouloir répondre à cette question de la conscience de l'acte. Les clefs de décryptage manquent pour trancher. Néanmoins, les hypothèses envisagées s'accordent avec le matériel et le développement d'une société tribale vers une société étatisée. Le divin, en particulier, connaît une métamorphose qui va aboutir, pour ce qui est des canidés, à des divinités telles qu'Oupouaout, Khentiamentiou…

À travers l'étude des canidés sauvages, l'intimité du rapport domestique (chien)/sauvage se voit confortée et enrichie ; confortée car nous avions déjà évoqué ce rapport dans le chapitre précédent[88] et enrichie car de nouvelles données apparaissent démontrant que le sauvage a, aussi, une existence autonome. Il serait intéressant de savoir si un constat identique peut s'opérer avec d'autres familles d'animaux comme les félins ou les bovins mais cela nécessiterait une nouvelle étude.

---

[88] Cf. chap. II.3.4.

CHAPITRE 4

DE LA PRÉHISTOIRE À L'HISTOIRE

Il n'est pas question d'étendre l'étude à toute l'histoire égyptienne. Un tel travail demanderait une analyse philologique* et un complément d'informations sur la période historique des domaines précédemment traités. Toutefois, afin de mettre en évidence les problèmes posés par l'iconographie* divine des premiers temps, il paraît nécessaire d'inclure un certains nombre de données dont les premières attestations ne remontent pas avant l'Ancien Empire. L'iconographie d'Anubis a donc été prise en compte de même que certaines dénominations de lieux. Quoique postérieures à la période qui nous intéresse, ces informations viendront étayer notre argumentation. S'il se révèle nécessaire de recourir à des sources plus récentes, c'est que notre sujet portant sur le début de l'histoire égyptienne l'oblige. La connaissance du monde divin s'est élaborée, et s'élabore encore souvent, à partir d'informations postérieures au début effectif des cultes. Ce constat amène donc à se poser la question du bien-fondé de notre conception religieuse du monde divin égyptien. Cette question fut déjà posée par E. Hornung[1]. C'est la raison pour laquelle il convient de débuter par une étude formelle afin d'être libéré le plus possible du poids des données postérieures. La forme permettra de mieux cerner la réalité de l'image. Il sera alors possible d'ouvrir de nouvelles pistes pour une meilleure compréhension du monde religieux égyptien aux époques dites historiques. Par ailleurs, il nous sera aussi possible d'envisager l'évolution de la pensée de l'homme du IVe millénaire.

Canidae et divin

Les égyptologues ont, semble-t-il, toujours senti le besoin d'identifier les représentations de canidés. Si chacun ne propose pas la même espèce*, tous s'accordent sur le genre*. Aussi en vient-on à parler de divinités canines mais s'agit-il seulement de *Canis* (loup, chacal, chien) ? Puisqu'il s'agit de réaliser une étude hors des idées reçues, la dénomination *Canidae* est, dès lors, plus adéquate. En effet, elle comprend l'ensemble de la famille* sans distinction de genre ou d'espèce. Dans un premier temps seront présentées les différentes figures divines. Dans un second temps, une discussion s'élaborera, nourrie par les dites figures divines qui sont la base de tout travail sur le sujet et par les interprétations connues de ces figures, autour des problèmes que pose la représentation des divinités.

Des divinités

À la fin du IVe millénaire et au début des premières dynasties, le nombre des divinités *Canidae* ou supposées telles se réduit à trois formes. Dans les faits, la première forme, Seth, n'est pas confirmée de façon satisfaisante comme nous allons le voir. Seules, les deux autres formes, Oupouaout et Khentamentiou, semblent clairement attestées pour la fin de la préhistoire et le début de l'histoire.

Seth

Il serait imprudent de vouloir cerner la fonction de ce dieu à l'époque préhistorique puisqu'aucun matériel ni texte ne vient en aide au chercheur. La première attestation iconographique de Seth a pour support une enseigne. Cette iconographie

---

[1] Hornung E., 1971, p. 231.

est donc indépendante de ce qui deviendra plus tard, avec le mythe osirien, le dieu du désert. La seule fonction qu'il soit possible de lui attribuer est celle d'enseigne désignant une communauté ; enseigne qui représentera bien plus tard le dieu suprême de Haute-Égypte. On a déjà dit qu'il pouvait s'agir d'un chien[2]. Il convient donc de rappeler qu'aucune forme de la figure sethienne n'est connue au IVe millénaire avant la tête de massue du roi « Scorpion[3] » (17, fig. 42). H. Te Velde écrivait, déjà en 1967, que « *their truncated ears and raised tails are represented*[4] » ; ainsi elles ne laissaient aucun doute sur la figure à la différence de la représentation d'un vase d'Abydos (61, fig. 43). L'iconographie présente sur cet objet pourrait correspondre à celle de Seth mais rien ne prouve le caractère divin de la figure. La seule image permettant de relier Seth au chien est celle du basenji rouge (*Canis simiensis*), mais elle est bien postérieure à l'époque qui nous occupe. Même l'image emblématique du dieu à la IIIe dynastie ne représente pas un chien malgré ce que peut penser H. Te Velde[5]. Aucun chien ne présente une queue à terminaison tripartite ni même des oreilles quadrangulaires. Dans le cas où il s'agirait non pas d'une queue mais d'autre chose (flèche, lien, etc.), il convient de noter qu'aucun chien, ni aucun canidé, n'est représenté sans sa queue. Reconnaître certains traits du lévrier est, peut-être, concevable mais il ne peut s'agir d'un lévrier. L'iconographie ne correspond à aucune des formes iconographiques que nous avons étudiées précédemment. Pour aller plus loin, et à moins de considérer que la forme des pavois prime sur celle des figures animales[6], force est de constater que l'iconographie de Seth ne correspond ni à celle d'un chien ni même à celle d'un canidé. En revanche, il faut noter, dès à présent, que, sur la même tête de massue, deux enseignes sethiennes[7] se différencient par quelques détails. L'une d'elles présente un animal à la queue dressée trapézoïdale, l'autre en présente un avec une queue oblongue. Le premier animal a des oreilles quadrangulaires en « V » alors que celles du second sont dans le prolongement de la tête. Ces variations sont suffisamment significatives pour qu'il soit possible de se demander s'il s'agit de la même

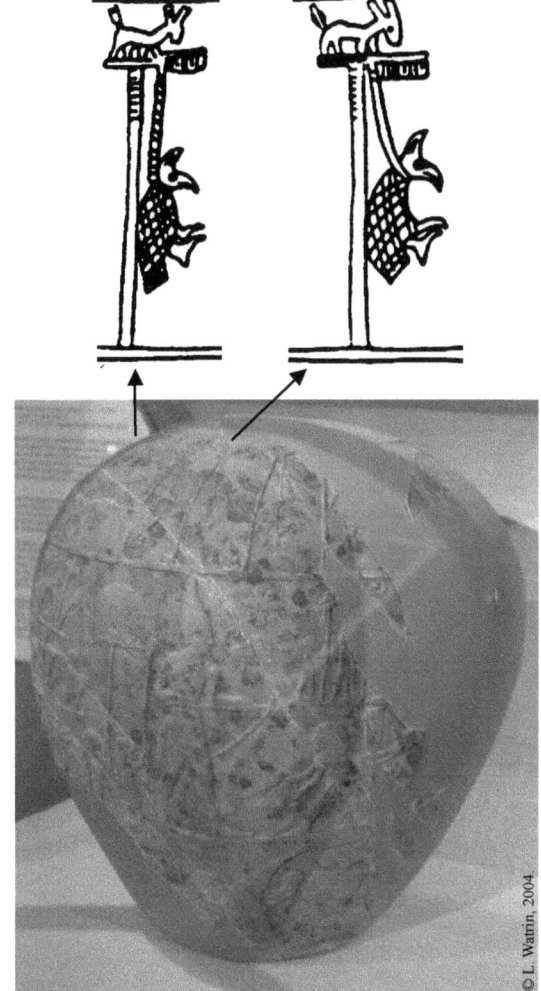

Fig. 42. Tête de massue du roi « Scorpion » (17), fin Naqada IIIb-début IIIc (Quibell J. E., 1900, pl. XXVI, c).

figure. Cette redondance ne se remarque pas avec Oupouaout mais il est vrai qu'une grande partie de l'objet fait défaut. Pour conclure sur cette divinité, on doit se demander s'il faut absolument donner une réalité zoologique* à cette figure. Est-il pertinent, malgré toutes les identifications et contradictions opérées, de s'acharner à vouloir y voir un animal existant ? Si, pour Seth, nous ne pouvons répondre à la question, celle-ci mérite d'être posée car nous rencontrons un problème identique avec les autres divinités.

Oupouaout

Le matériel qui nous permet d'analyser les divinités suivantes se constitue quant à lui de la tête de massue du roi « Scorpion » (17, fig. 42) et celle du roi Narmer (18) ainsi que la palette du même roi (35) et celle aux taureaux (34, fig. 29). Il est possible qu'il ait existé une pensée reli-

---

[2] Cf. chap. II.3.4.1.4.
[3] Le nom de Scorpion est mis entre parenthèses à cause des incertitudes sur le possesseur de cette massue.
[4] Velde H. Te, 1967, p. 12.
[5] Velde H. Te, 1967, p. 16.
[6] Une des questions serait déjà de savoir quel est l'élément signifiant de la figure : le pavois, l'objet supporté par ce dernier ou les deux à la fois.
[7] S'agit-il bien d'enseignes identiques dédoublées ou d'enseignes différentes présentant des aspects de Seth différents ?

Fig. 43. Vase d'Abydos (61) à décor archaïsant figurant Seth (a) selon L. Habachi, début de la Ire dynastie (Habachi L., 1939, pl. 73 et fig. 72).

gieuse antérieure à l'époque de ces objets mais, soit elle n'a pas été représentée, soit les clefs manquent pour la comprendre comme telle. La palette de Hiérakonpolis (32) pourrait, toutefois, en offrir les prémices mais rien ne permet de l'affirmer. Pour E. Hornung[8], les inhumations de chiens[9] et de gazelles[10] offrent un tel degré de soins qu'il ne peut s'agir que d'une pratique liée à un culte. Ce culte, selon E. Hornung, n'est pas celui d'une zoolâtrie pure. Il s'agirait d'un culte voué à des animaux sacrés ou à des puissances animales divines sous forme animale. L'étude ostéologique montre, effectivement, que cette hypothèse ne peut être écartée. Toutefois, aucune activité artistique ne vient corroborer ou documenter cette possibilité. Il est donc impossible de retenir cette donnée dans ce chapitre. Si l'enseigne aurait pu être présentée comme la première attestation d'un monde divin, le pavois faisant référence au signe du dieu ( ), l'étude de D. Meeks[11] démontre parfaitement que cette thèse ne peut être retenue. L'iconographie des pavois est néanmoins fort intéressante. En effet, comme nous l'avons vu avec Seth, un problème d'ordre formel apparaît avec les figures canines de la palette aux taureaux (34, fig. 29). Les deux canidés présentés ont la même forme mais des pavois différents. Les animaux ont de longues oreilles dressées, un museau épais, une longue queue touffue et une silhouette épaisse. Il est à remarquer que la silhouette de l'animal et son museau ne correspondent pas aux enseignes connues par la suite. Doit-on y voir un critère de datation stylistique ? Nous pensons plutôt que ces éléments sont à mettre sur le compte de la taille des figures (quelques millimètres). Nous ne les retiendrons donc pas. Comme pour la figure sethienne, la question se pose de savoir si la forme du pavois prime sur celle de l'animal. Nous y reviendrons plus tard. Le reste du matériel présente la forme canonique d'un canidé sur un pavois orné du chedched. Ce canidé a de longues oreilles pointues et dressées, un museau allongé, une longue queue pendante (touffue ?) et un profil gracile. La figure d'apparence identique mais supportée par un pavois orné d'un élément quadrangulaire[12] n'apparaît plus après la palette aux taureaux. Pour le moment, retenons seulement les faits afin de revenir plus tard sur l'interprétation.

Khentamentiou

Il faut en venir, pour finir, à Khentamentiou dont les modifications iconographiques ne sont pas liées à un aspect formel mais contextuel. Khentamentiou fait partie des quatre étendards dont l'iconographie, à la différence des enseignes, est directement liée à la personne royale. Ce ne sont donc ni le pavois ni la forme du canidé qui permettent de différencier ce dieu d'Oupouaout mais le contexte dans lequel il se présente. Si les enseignes sont autonomes[13], les étendards sont toujours portés chacun par un porte-étendard et sont attachés à la personne du roi. De plus, les porte-étendards se manifestent toujours sous la forme d'une procession précédant ou marchant en direction du roi[14]. Des différences de présentation de la divinité ne

---

[8] Hornung E., 1971, p. 88.
[9] Il ne s'agit que de chiens. Aucune sépulture de chacal n'est connue.
[10] Celles auxquelles fait allusion E. Hornung ont été ré-identifiées par J. Bœssneck (Bœssneck *et al.*, 1989) comme ovicaprins.
[11] Meeks D., 1988.
[12] Signe R12 selon la liste d'A. H. Gardiner (1969).
[13] Elles seraient le symbole des différentes tribus.
[14] La mention de roi, et non de pharaon, est importante pour la fin du IVe millénaire. Le roi dirige une partie du pays mais pas l'ensemble. Il ne pourra être question du terme pharaon qu'après l'unification car l'organisation politique sera celle de l'Égypte pharaonique.

seront visibles qu'à partir de la Ire dynastie. Le dieu sera alors représenté couché, la présence de son nom n'offrant aucune ambiguïté (cf. fig. 44). Sa position sera alors à l'identique de celle qu'on trouvera par la suite chez Anubis dont la forme iconographique est identique.

Ainsi, en dehors des attributs (pavois, contexte) et de la position (debout, couché), les formes sont parfaitement identiques. Seules les quelques différences extérieures à la forme de l'animal permettent de comprendre qu'il s'agit de telle ou telle divinité.

Où le genre n'est pas si certain

Si l'on se réfère à la littérature égyptologique classique, Khentamentiou et Oupouaout seraient des chiens, Anubis serait un chacal (ou un chien voire un renard suivant les auteurs[15]) et Seth serait un chien à l'origine. Pourtant, l'incertitude règne sur le genre et l'espèce de ces divinités. Alors que l'identification de certains canidés (lévrier, mastiff, pariah, lycaon, renard) ne pose aucun problème, pour quelles raisons l'iconographie divine poserait-elle une difficulté ? Il convient de noter que la connaissance des divinités nous vient en partie des auteurs classiques grecs et romains ; références qu'il est bon de prendre avec la plus extrême prudence. En effet, ces auteurs ont déjà induit les philologues en erreur par l'apport de termes étrangers à la culture égyptienne. Ainsi en est-il de la notion de *loup* que l'on trouve dans la toponymie (*Lycopolis*) ou le vocabulaire avec le mot *ounech* (*wnš*). On ne peut concevoir que ce terme fut traduit *loup* avant la domination grecque ou romaine puisqu'aucun loup n'a jamais vécu en Égypte[16]. D'ailleurs, le mot copte désignera, en plus du loup, le chacal qui était très certainement le sens premier, égyptien, du mot[17]. Les envahisseurs auront amené leur connaissance et dans la nécessité d'une appellation, le vocabulaire aura évolué. C'est ainsi que peut se comprendre la polysémie du mot copte. Dès lors, il est nécessaire de faire attention aux pièges que peut entraîner une lecture non critique des textes. N'est-il pas étrange de continuer à utiliser le vocable Lycopolis (« La ville du loup ») sachant qu'il ne pouvait s'agir de cet animal ? E. Meyer[18] pense, pour sa part, que le chacal était considéré comme une espèce de chien ou de loup par les égyptiens, de là la raison du nom donné par les grecs à la ville. Si la confusion entre les espèces est à prendre en compte, elle ne peut, en revanche, que provenir des Grecs eux-mêmes. Ces derniers, comme nos contemporains du début du XXe siècle, ont dû confondre le chacal dit égyptien avec le loup. L'« ignorance » des Grecs est encore soulignée par J. G. Wilkinson qui mentionne la confusion entre le chacal et le chien :

Fig. 44. Fragment de poterie provenant du temple d'Abydos (d'après Meyer E., 1904, p. 97).

« *Another notion, which assigns to Anubis the head of a dog instead of a jackal is one of the greatest and most generally accredited errors which the ignorance of the Greeks and Romans has set forth respecting the gods of Egypt.*[19] »

F. Daumas est d'un avis semblable. Pour ce chercheur, il y a bien confusion entre deux espèces canines mais pas les mêmes[20]. Le nom de Lycopolis, selon lui, aurait pour origine une mauvaise interprétation grecque du dieu Oupouaout (confusion entre le loup et le chien). Par ailleurs, si les auteurs grecs ou romains ont pu se tromper sur l'espèce, les confusions d'ordre sémantique ne leur sont pas propres. Ainsi, la terminologie allemande (*Schakalwolf*) et anglaise (*wolf jackal*) a semé le trouble dans l'égyptologie française. Les mots susmentionnés ont été traduits loup alors qu'ils désignent, en réalité, le chacal[21]. Une autre source d'erreur est l'ignorance des désignations zoologiques. Le *Canis lupaster* est, souvent, présenté comme un loup (*Canis lupus*) alors que cette appellation était utilisée auparavant pour désigner le chacal dont l'appellation savante est aujourd'hui *Canis aureus*. La somme des contradictions d'interprétations montre bien que l'identification n'est pas aussi aisée qu'elle est présentée en général. Mais est-il possible d'identifier une espèce en particulier dans ces figures divines ?

Maintenant que le problème est posé, il est bon

---

[15] Cf. Baines J., 1993, p. 68 ; Menu B., 1996, p. 340 ; Osborn D. J. et Helmy I., 1980, p. 367 ; Osborn D. J. et Osbornova J., 1998, p. 79 ; Vandier J., 1952, p. 600 et 602 et bien d'autres.
[16] Cf. chap. I.1.2 et surtout II.1.
[17] Cf. aussi Störk L., 1986.
[18] Meyer E., 1904, p. 99, n. 7.

[19] Wilkinson J. G., 1878, vol. 3, p. 158.
[20] Daumas F., 1965, p. 61.
[21] D. Meeks (com. pers.) a eu la gentillesse de nous faire part de cette erreur dont il a été lui-même victime dans ses *Années lexicographiques* (Meeks D., 1998, 77.0698, 77.095, 78.0999).

de se pencher sur la forme des divinités, plus exactement la confrontation des formes. Le postulat de départ est qu'il existe une variété de dieux, donc de formes, pour que chacun puisse être identifié. Il est, de fait, nécessaire de reprendre les questions qui s'étaient posées lors de la présentation formelle des divinités. Si la palette aux taureaux (34, fig. 29) a révélé un problème par la répétition d'une figure identique supportée par un attribut différent (pavois), le statut de l'autre figure, pour connu qu'il puisse être (il s'agirait d'Oupouaout[22], « L'ouvreur des Chemins »), n'est pas aussi clair qu'il le paraît. L'identification que propose B. Menu montre que les choses ne sont pas non plus aussi simples[23]. Par ailleurs, J. Baines[24] qualifiant de *watchdogs* Oupouaout comme divinité gardienne de pharaon, peut-être faut-il voir, dans le redoublement de la figure d'Oupouaout, la forme féminine d'Oupouaout (Oupouaoutet) ? Si B. Menu considère ce rôle dévolu à Khentamentiou (« Celui qui est à la tête des Occidentaux »), J. Baines ne précise pas sa pensée. Cette imprécision est d'autant plus regrettable que la participation d'Oupouaout à la protection de pharaon n'est pas réservée à cette enseigne. Toutes les enseignes évoluent dans ce sens selon B. Menu[25]. Il faut noter aussi que la redondance de forme, avec quelques différences, n'est pas spécifique à la palette aux taureaux. La tête de massue du roi « Scorpion » (17, fig. 42) présente un cas similaire avec les figures sethiennes. Ces différences sont-elles suffisantes pour y voir deux divinités ? Il semble qu'il faille plutôt prendre ces divergences dans un sens esthétique mais le problème reste entier d'autant que D. Meeks parle de préciser l'aspect du dieu par la modification de sa tête[26]. Il va même plus loin en mentionnant la création d'une nouvelle entité par la seule adjonction d'une épithète au nom d'un dieu[27]. Quoique ces remarques valent pour les périodes historiques, il est tout à fait permis de les étendre aux premiers temps et à toute modification iconographique. La différence d'attributs est, elle, sans appel à ce sujet. Elle crée bien une nouvelle divinité quand bien même la forme de l'animal reste identique. Ainsi, l'iconographie d'une enseigne ou d'un étendard[28] peut présenter une forme animale identique. D'une part seuls les attributs permettent de savoir de quelle divinité il s'agit, d'autre part seule la présence d'un porte-étendard indique qu'il s'agit d'un étendard et non d'une enseigne. Cela n'enlève cependant rien au rôle de la divinité : elle peut toujours représenter le roi victorieux. En effet, E. Meyer[29] propose de voir Oupouaout comme une divinité guerrière du fait de l'association de sa forme féminine avec la déesse guerrière Neith de Saïs. C'est une possibilité, mais le culte a pu évoluer et ne plus correspondre à celui des premiers temps. Une étude sur l'évolution des signes en parallèle à celles des cultes serait nécessaire pour le savoir.

Toujours est-il que, quel que soit le rôle de la divinité, la forme reste la même. D. J. Osborn et J. Osbornova en donnent une description qui, si elle vaut pour Anubis, vaut pour toutes les divinités canidés mentionnées :
« *The stylization established by the Ancient Egyptians of certain features, such as the shallowness or absence of the frontal stop ; the long and slender snout ; shape, length and pointedness of the ears ; length and shape of the tail, which is sometimes too thin ; slenderness of the body, particularly the abdomen ; and the slender legs, identify the majority of representations as foxes.*[30] »

Mais, y voir un renard est aussi « *without substantial evidence*[31] » comme ils le font remarquer pour les autres espèces. Cette déduction se fonde, entre autres, sur le travail de N. de Garis Davies[32]. Ce dernier donnerait comme identification d'Anubis le renard dit égyptien (*Vulpes niloticus*), dont la couleur de la robe serait noire et le corps serait gracile. Que N. de Garis Davies fasse abstraction du lévrier noir du disque d'Hemaka (64) se comprend, mais il faudrait aussi savoir si N. de Garis Davies n'a pas confondu avec le chacal à chabraque[33] (*Canis mesomelas*) ; la publication de cet objet n'était pas parue en

---

[22] L'identification d'E. Meyer (1904, p. 98) repose sur le fait qu'à l'Ancien Empire le déterminatif est utilisé pour désigner le dieu Oupouaout. Selon J. Baines (1993, p. 67), l'identification ne serait attestée véritablement qu'à partir du Moyen Empire.
[23] B. Menu identifie la figure sur le pavois à élément quadrangulaire à celle de l'animal sethien (Menu B., 1998, p. 15). La forme du pavois, similaire à celle de la figure sethienne de la tête de massue du roi « Scorpion » (17, fig. 42), a certainement motivé ce rapprochement.
[24] Baines J., 1993, p. 67.
[25] Menu B., 1998, p. 27.
[26] Meeks D., 1986, p. 184.
[27] Meeks D., 1988, p. 443.
[28] Pour la différence entre *enseigne* et *étendard*, cf. Menu B., 1998.
[29] Meyer E., 1904, p. 105.
[30] Osborn D. J. et Osbornova J., 1998, p. 79.
[31] Osborn D. J. et Osbornova J., 1998, p. 57.
[32] Cf. Garis Davies N. de, 1900, f. 18.
[33] Si l'animal qu'a pu observer N. de Garis Davies se trouvait bien en Égypte, une confusion serait surprenante étant donné que le chacal à chabraque ne vit qu'en Afrique du Sud et dans une partie de l'Afrique de l'Est (Éthiopie). Si, en revanche, N. de Garis Davies rapporte une observation qu'il a faite du côté de l'Éthiopie, la confusion devient possible comme le prouvent les nombreuses mystifications que nous avons déjà vu. Toutefois, il ne serait dès lors plus question de l'Égypte.

1900. Cependant, cela est plus surprenant de la part de D. J. Osborn et J. Osbornova. Dès lors, la question se pose de savoir si la couleur est significative d'une réalité zoologique ou d'une volonté esthétisante ou encore d'une symbolique particulière. Que répondre si ce n'est que nous ignorons tout de ce qu'a voulu exprimer l'artiste, le nombre de documents restant fort limité pour cette époque. D'autre part, D. J. Osborn et J. Osbornova présentent une figure du papyrus Her-Ouben comme permettant d'identifier Anubis en tant que renard[34]. Si ces canidés ont, effectivement, de grandes et larges oreilles, un museau allongé et une queue touffue pendante caractéristique du renard, le reste ne correspond pas. La longueur des membres ainsi que celle de leur cou font penser à des lévriers. La figure d'Anubis n'est, cependant, pas celle d'un lévrier : la queue est pendante et les oreilles dressées. Il est vrai qu'il existe des cimetières de chien en relation avec le culte d'Anubis. L'Anubeion en offre un exemple[35]. Il faut toutefois préciser que les époques concernées sont récentes (période gréco-romaine). Une autre espèce de chacal que celle que nous avons présentée, voire même un autre genre de canidé, pourraient aussi postuler comme modèle pour Anubis : le chacal à chabraque (*Canis mesomelas*) et le loup à crinière (*Chrysocyon brachyurus*). Si le second vit uniquement en Amérique du Sud et ne peut donc être pris en compte, le premier a son habitat comme nous l'avons vu en Afrique du Sud et en Éthiopie. La question se pose dès lors de savoir si, à la fin du IVe millénaire, ce chacal vivait en Égypte ce qui ne semble pas être le cas dans l'état actuel de la documentation. Faudrait-il alors considérer que le modèle pour Anubis vient d'une importation soudanaise remontant au plus tard à la fin du IVe millénaire ? Cela serait surprenant à une époque où l'iconographie reste profondément marquée par ses relations avec le Nord-Est (Palestine, Mésopotamie). Toutefois, nous n'avons pu développer cet aspect n'ayant eu connaissance de l'existence de cet animal que très récemment mais c'est une piste qu'il serait bon d'explorer dans les études à venir. La philologie, à ce sujet, ne nous est pas d'un grand secours. En effet, les philologues ne sont pas d'accord sur la traduction à adopter[36] pour le terme *jnpw* désignant Anubis. Il n'est donc pas possible de trancher sur le genre par ce biais.

D'autre part, la représentation d'un serpent ailé arborant une tête d'Anubis (pour ne pas donner d'espèce particulière) d'un autre côté[37] démontre que la forme n'est pas réservée à Anubis, Oupouaout, etc. En l'occurrence, il ne s'agit que de présenter un des aspects du serpent. Force est de constater que toutes ces divinités *Canidae* sont identiques dans leur forme. Aussi faut-il, peut-être, revoir notre façon d'aborder le monde divin pour l'Égypte antique. Une nouvelle approche hors des concepts monothéistes ou panthéistes qui figeraient trop notre pensée semble nécessaire. Toutes les contradictions notées en préambule dans ce paragraphe ont une logique qui n'a pas été cernée jusqu'ici, raison vraisemblable de nos erreurs. L'unité de représentation est flagrante. Aussi faut-il peut-être considérer que ces divinités représentent seulement la donnée « canidé » dont il n'est pas utile de connaître le genre ou l'espèce. Henri Focillon n'écrit-il pas que « le contenu fondamental de la forme est un contenu formel[38] » ? Les éléments qui viennent d'être exposés rejoignent ce qui avait amené E. Hornung[39] à penser que l'uniformité que les chercheurs tentent d'imposer au monde égyptien est étrangère à la réalité égyptienne. T. E. Peet avait déjà constaté, pour les divinités susmentionnées, qu'il pouvait s'agir d'« *an animal which might be a dog, a fox, a wolf*[40] *or a jackal.*[41] » Il n'y a donc aucune certitude malgré ce qu'en pensent certains chercheurs[42]. De plus, il faut noter que, comme l'écrit E. Hornung, les sources littéraires sont la nécessité *sine qua non* à qui veut appréhender « l'apparence "véritable" des dieux[43] ». L'intérêt de cette remarque est qu'elle appuie l'impossibilité de cerner la réalité du dieu par une seule représentation qui le figerait dans un seul aspect. Il ne s'agit donc plus d'attribuer telle ou telle espèce à telle ou telle divinité. Il s'agit de formuler, grâce à l'image, un concept. Ce ne sont plus des canidés mais UN *Canidae*, une entité qui n'est ni un chien, ni un chacal, ni un renard, ni un fennec, ni aucun canidé précis mais tous ces animaux en même temps. À l'image de ce qu'écrit H. Te Velde pour le hiéroglyphe du lion, les égyptiens ne sculptent pas un simple canidé mais « l'archétype de l'animal idéal[44] ». À ce titre, il ne faut pas le voir comme un animal terres-

---

[34] Osborn D. J. et Osbornova J., 1998, p. 79.
[35] Daumas F., 1965, p. 69 ; Charron A., 1985.
[36] La traduction peut être « jeune prince » ou « jeune être » (*jnpw*) mais aussi « jeune chien » (*'npw*).
[37] Pour une bibliographie détaillée, voir Hornung E., 1986, p. 69.
[38] Focillon H., 1934, p. 8.
[39] Hornung E., 1986, p. 84.
[40] Il est bien entendu que cela est impossible (cf. *supra*).
[41] Peet T. E., 1914, p. 109.
[42] J. Baines (1993, p. 58) considère qu'il s'agit d'un chacal. D. J. Osborn et J. Osbornova (1998, p. 79) penchent pour le renard.
[43] Hornung E., 1986, p. 115.
[44] Velde H. Te, 1986, p. 65.

tre mais une entité dépassant les animaux connus. Par ailleurs, comme l'exprime très bien D. Meeks, « la divinité est multiforme ; livrer un visage c'est ne révéler qu'une facette de sa nature, en laissant tout le reste dans l'ombre.[45] » L'entité *Canidae* serait donc la divinité dont Oupouaout, Khentamentiou, Anubis, etc. seraient les visages révélant chacun une facette différente.

Ainsi, il est possible d'envisager que la figure permettrait à l'entité *Canidae* de se dévoiler en fonction de ses attributs sous l'aspect d'Oupouaout, Khentamentiou, Anubis, etc. Alors, s'agirait-il d'une forme unique incarnant plusieurs divinités différenciées par leurs attributs ou plutôt une divinité unique supportant différents aspects reconnaissables aux attributs accompagnant la représentation ? Pour le savoir, il faudrait poursuivre l'étude sur les périodes dites historiques en reprenant la méthode exposée présentement sans oublier d'inclure le témoignage des textes qui permettrait de la compléter (affirmation, infirmation, relation…).

L'homme et son environnement

Après avoir étudié le monde physique et le monde abstrait des canidés, il convient de présenter la place de l'homme dans l'univers du canidé. Quelle que soit la façon dont l'image du canidé s'offre au chercheur, il est bien entendu que l'image est le produit de l'homme. L'image doit être entendue comme ce que nous connaissons du *Canidae*. Il s'agit donc autant de manipulations osseuses mises au jour que de l'iconographie. Ces données traduisent comment l'homme s'intègre dans l'environnement, comment il ressent sa place dans celui-ci. Comme l'exprime E. Hornung, la réalité des dieux « ne fut pas inventée mais *vécue* par des être humains.[46] » L'homme conceptualise ce qu'il vit y compris la façon dont il se perçoit dans ce monde. Ainsi, il est possible de constater, grâce au matériel, trois phases distinctes d'appréhension du milieu naturel.

La première présente une identification à l'animal. Il est coutumier de penser que l'homme préhistorique vivait en symbiose avec son environnement tant végétal que minéral et animal. Il n'y a donc rien d'étonnant à ce qu'il se soit senti « un être parmi les êtres qu'il connaissait bien[47] ». Cette relation est visible dans le régime alimentaire qui s'est constitué en osmose avec ce qu'offrait le pays (régime fondé sur les fluctuations du Nil). Grâce à des données ethnologiques*, A. Gautier présente des cas similaires à ce qui a dû exister durant la préhistoire égyptienne. À ce sujet, il évoque un trait important du quotidien qui est la mise à mort d'un animal. La chasse provoque un sentiment de culpabilité que certaines populations conjurent grâce à des pratiques magiques[48]. Après la chasse, un message d'excuse est adressé à l'animal, à son esprit pour le *Maître des animaux*. Cette expression est utilisée en égyptologie pour désigner le personnage entre les deux lions du manche de couteau de Gebel-el-Arak (10, fig. 24). L'hypothèse d'une symbiose avec le milieu ne repose pas sur des faits, en dehors des données ethnologiques qui, si elles sont à prendre en compte, se réfèrent à des populations modernes avec toutes les erreurs que cela comporte. Cette hypothèse se fonde sur la scission qu'il est possible de constater lors de la domestication. En effet, avant la domestication, il ne semble pas qu'il y ait nécessité de représenter l'environnement. Les inhumations d'animaux sont inconnues avant cette étape. Ces éléments sont en faveur d'un changement opéré par cette nouvelle science qu'est l'élevage.

La seconde phase présente donc une rupture. L'homme nourrit le sentiment d'une certaine supériorité. Néanmoins, il continue à se sentir limité. Il lui faut toujours revêtir des parures animales (renard) pour se sentir fort[49]. À la bipolarité homme/Animal succède le triangle homme/animal/gibier. Le terme *animal* ici ne désigne plus l'ensemble des être vivants dans la nature mais seulement les animaux domestiques, créés par l'homme. La scission du mot *Animal* (associant tous les êtres autres que les humains), exprimée par le nouvel élément gibier, met à part les animaux extérieurs à l'homme. Il n'y a plus l'Animal mais l'animal domestique et le gibier (autrement dit la bête sauvage). Le domestique fabrique le sauvage. Les sentiments d'empathie vont être limités aux animaux engendrés par l'homme auprès desquels il va reporter les sentiments de culpabilité. Un exemple récent, mais qui dû avoir cours autrefois, est celui du pasteur préférant échanger ses propres bêtes contre d'autres afin de se nourrir. L'empathie

---

[45] Meeks D., 1986, p. 181.
[46] Hornung E., 1986, p. 231.

[47] Gautier A., 1988, p. 44.
[48] Cf. Gautier A., 1990, p. 244-245.
[49] Cf. Hornung E., 1986, p. 90-91.

va se muer en sympathie. De fait, l'être humain s'éloigne du sauvage qu'il craint[50] de telle sorte qu'il faut l'éliminer. Ainsi, jusqu'au début du XXe siècle, des hommes ont eu la tâche particulière dans différents points du globe de chasser le loup. Ils étaient aidés en cela par le chien qui était sélectionné[51] et dressé à attaquer son propre ancêtre. Cette distance est exprimée, en Égypte, dans le matériel par les inhumations de chiens, qu'elles soient isolées ou non (aucune n'est réalisée pour le sauvage). Elle est aussi visible dans l'iconographie quand le chien chasse le lion. La frontière entre monde sauvage et domestique exprimée par le lycaon en est un autre exemple. Ce thème est intéressant car il amène à évoquer la dernière phase. Si l'animal est omniprésent durant le IVe millénaire, sa présence s'estompe avec les premières dynasties.

C'est ainsi qu'on en arrive à la troisième phase : la mise au premier plan de l'homme. Les noms de rois en sont un marqueur. Ils cessent de se référer à des animaux dès l'Horus Aha. La disparition soudaine du lycaon au protodynastique est un autre élément marqueur. Cette disparition peut être expliquée par cette évolution. L'animal devient un symbole de pouvoir qui éloigne davantage l'homme du monde sauvage en lui faisant perdre la nécessité de rapports autres que négatifs. Quelle nécessité à chasser lorsque la connaissance de l'élevage et celle du stockage sont systématisées ? En d'autres termes, pourquoi se confronter au sauvage une fois affranchi les contraintes naturelles ? Une nouvelle conscience de soi émerge avec le génie de l'homme. La seule raison d'une confrontation est la nostalgie de certaines pratiques telle que la chasse qui perdure alors qu'au fil du temps elle est de moins en moins nécessaire. Celle-ci va même devenir l'occupation de prestige de l'homme supérieur. L'inégalité sociale va s'en trouver alourdie. Cet aspect fait prendre conscience que l'homme entre dans l'Âge de la société, société sur laquelle l'individu n'a que peu de prise puisqu'il ne s'agit plus d'une communauté mais d'un royaume. Les autres éléments significatifs de cette troisième phase sont l'éloignement du domestique et l'anthropomorphisme du monde divin. Ces changements se comprennent aisément du fait de ce qui a été évoqué précédemment. L'arrangement de la zone sépulcrale d'Hemaka (64) à Saqqarah met fort bien en valeur l'éloignement d'avec le domestique. Les inhumations d'animaux ne sont plus en contact direct ou indirect (coffre) avec le mort mais rejetées à l'extérieur. L'animal ne se retrouve plus l'Unique mais l'un de la ménagerie comme tend à le démontrer le nombre d'animaux ensevelis. Avec le règne de Djer, le caractère divin du roi ne fait aucun doute comme l'atteste la relation directe entre Oupouaout et le roi visible sur de nombreuses empreintes de sceaux (9, fig. 28) découvertes dans sa tombe d'Abydos que nous avons déjà évoquées[52]. L'animal devient un instrument non plus seulement du statut social mais du pouvoir. Ce constat rejoint ce que pense B. Menu quand elle écrit que « la force dominatrice et organisatrice est exaltée au moyen du passage raisonné de la chasse à la domestication, de la conquête à l'organisation[53] ». Ce chercheur complète en ajoutant que « les divinités féminines font place aux figures mâles (taureau, lion [figures auxquelles nous rajoutons le renard]) évoquant la virilité, la force, l'autorité, la maîtrise des richesses et le prestige qui seront l'apanage du roi[54] ». Or, la divinité du roi trouve ses fondements dans la substitution à l'ordre naturel[55]. Aussi la divinité de pharaon qui remplace celle de l'animal est-elle un état diffus, chargé d'énergie créatrice présidant aux cycles naturels. Cet état l'amène à entrer en concurrence avec les dieux locaux (enseignes) qu'il domine grâce à ses victoires et qui, soumis, lui apportent leur concours. De fait, il génère d'autres dieux (porte-étendards) liés à sa propre personne dont le canidé reste une figure.

Le schéma du passage entre les différents états que nous avons détaillés peut donc se simplifier pour l'Égypte comme suit : sauvage (homme en harmonie avec la nature) => domestique (les manipulations de l'homme créent une distance avec le monde sauvage) => divin (l'homme opère une mainmise complète sur son environnement qu'il recrée par l'intermédiaire du monde des dieux).

---

[50] Ce dernier menace les récoltes, tue les bêtes du troupeau et attaque l'homme.
[51] Les chiots sélectionnés étaient ceux qui aspiraient l'eau plutôt que de la laper. En effet, le loup aspire mais ne lape pas. L'animal le plus à même de débusquer le loup était donc celui qui en était le plus proche dans son comportement.
[52] Cf. chap.II.3.4.1.4.
[53] Menu B., 1998, p. 19.
[54] Menu B., 1998, p. 19.
[55] Passage de la chasse – cueillette – pêche à la maîtrise sur la nature par la domestication et la sélection généralisée permettant une autonomie par rapport à l'environnement.

CONCLUSION

Comme nous venons de le développer tout au long de cet ouvrage, l'étude du chien est une porte pour une meilleure connaissance des rapports entre l'homme et l'animal. À la fois sauvage et domestique, cette famille* présente des espèces* à comportement varié dont certaines possèdent une structure sociale proche de celle de l'homme. Si certaines informations sont propres à l'Égypte, nous espérons avoir bien montré en début d'ouvrage que la relation entre l'homme et le chien, elle, est identique partout ; relation paradoxale puisque le chien qui est le résultat de la domestication du loup a servi à chasser ce dernier de l'univers humain alors que les deux animaux coexistaient. Il convient de ne pas s'étendre davantage sur cet aspect du sujet puisque nous ne le trouvons pas en Égypte, ce qui nous amène à parler de la spécificité de l'Égypte à l'égard du chien.

L'absence du loup sur le continent africain, et donc en Égypte que l'on constate encore aujourd'hui, n'est pas sans conséquences. En effet, cette absence devrait être un obstacle à la présence du chien sur le continent. Or, non seulement le chien est-il présent dès la fin du VIe millénaire av. J.-C. à Mérimdé, mais en plus les représentations du IVe millénaire nous montrent qu'il existait plusieurs types* dont le type lévrier, considéré comme marquant une technologie avancée de l'élevage. Il résulte de ces données :
  - d'une part, que la présence du chien implique des relations avec des civilisations ayant possédé des chiens ;
  - d'autre part, que, si ces civilisations possédaient des chiens, elles possédaient aussi une technique très aboutie d'élevage qu'elles ont transmise d'une façon ou d'une autre (immigration ou émigration) aux populations égyptiennes qui ont donc pu rapidement tirer profit et de la matière première (le loup ou le chien), et de la technologie.

En effet, un échange de types se découpe entre le Nord et le Sud de l'Égypte sans qu'il ne soit possible actuellement de savoir précisément quels types d'animaux viennent du Nord et quels autres viennent du Sud. Néanmoins, pour ce qui est de l'origine des chiens égyptiens, seuls deux foyers lupins sont connus à proximité : le foyer d'Asie du Sud-Ouest et le foyer allemand. Si l'hypothèse proche-orientale est la plus fréquemment retenue, on ne peut remettre en cause actuellement la possibilité d'un apport depuis l'Allemagne ou la Libye. Il faut préciser que cela ne signifie absolument pas que l'Égypte du Néolithique avait des contacts avec l'Allemagne de l'époque, pas plus que cela ne signifie qu'elle connaissait l'origine exacte du *Canis lupus pallipes* si l'on retient l'hypothèse proche-orientale.

Par ailleurs, l'absence du loup en Égypte connaît une autre conséquence. Elle montre que les Grecs n'ont pas si bien compris la civilisation égyptienne qu'on veut bien l'écrire de nos jours. Si, en apparence, cette question ne se situe pas vraiment dans l'aire chronologique de ce livre, elle permet de toucher un problème méthodologique que nous reprendrons plus bas.

L'analyse du chien a aussi mis en valeur la force de la relation entre les Égyptiens et le chien, plus grande qu'auprès de tous les autres animaux, qu'ils soient sauvages ou domestiques. Non seulement le chien est le seul canidé à bénéficier d'une sépulture, mais en plus sa dépouille connaît d'autres types d'enfouissement. Ceux-ci révèlent que très tôt, le chien, ou peut-être un type de chien, faisait l'objet d'un culte, sans qu'il ne soit possible de déterminer s'il s'agissait d'un culte des morts, d'un rite totémique ou d'une proto-religion. L'étude détaillée a aussi mis en évidence la place de la femelle (chienne, lycaon) comme frontière entre le sauvage et le domestique. En effet, dès Naqada Ic, la femellité* est principalement ce qui lie le monde domestique au monde sauvage. Ce symbole se retrouve à l'époque de Naqada IIIb exprimé non plus seulement par des chiennes mais par la présence de lycaons femelles auxquelles le domestique prend des forces (chien). Marqueur de la frontière entre le monde domestique et le monde sauvage, la disparition du thème s'explique aisément par le changement social, qui d'une société étroitement liée au monde sauvage dont elle dépendait, en vient à une société affranchie encore plus qu'elle ne l'était auparavant des conditions naturelles. Nous n'avons pu établir s'il existait un jeu semblable quant au traitement des ossements et des dépouilles animales.

Enfin, nous avons pu saisir comment l'homme réagissait à son environnement et constater une nouvelle modification de son rapport au monde entre la fin du VIe millénaire et la Ire dynastie. Ainsi, l'artiste se sert du chien comme manifestation de l'homme dans l'univers iconographique*. De cette façon, le chien incarne le monde humain ordonné. De fait, vers la fin du Néolithique, seul le sauvage (renard, lion, taureau sauvage) peut être utilisé dans l'imagerie pour magnifier la puissance du roi puis de pharaon, le chien symbolisant l'homme du commun. Puis, dès qu'il s'agit de mettre en scène des divinités, l'artiste n'a plus recours à des êtres réels mais à des composites afin de pouvoir encore changer de registre : c'est l'apparition de l'entité *Canidae*. Cette entité ne représente pas une espèce de la famille mais toutes les espèces dans une seule représentation et sous différents aspects, chacun de ses aspects ne pouvant être identifié que par les attributs de la figure et non par sa morphologie. En cela, nous rejoignons l'idée du *Un et du multiple* d'E. Hornung que le matériel archéologique* et iconographique met en valeur.

Au sujet de la désignation *Néolithique*, nous souhaiterions attirer l'attention sur un point que nous ne pouvions développer dans cet ouvrage mais qui mérite réflexion. Sa place en conclusion nous paraît donc légitime. Tout au long de cet ouvrage, la période de Naqada a été considérée comme Néolithique. C'est ainsi qu'elle est vue encore aujourd'hui par la majorité de la communauté scientifique. Toutefois, nous doutons de plus en plus de la réalité de cette désignation. Des indices toujours plus nombreux (présence de métaux travaillés de type cuivre-bronze et découvertes d'artefacts impliquant l'utilisation d'un outil métallique) militent en faveur d'une technologie de type Chalcolithique. La nécessité de nouvelles études couplées avec des travaux d'archéologie expérimentale nous interdit cependant de recourir à la terminologie Chalcolithique. L'avenir nous dira ce qu'il en est.

Tout ce qui précède nous amène à constater d'importantes lacunes méthodologiques quant à l'étude de la faune tant en archéologie qu'en histoire*. Si nous mentionnons la science historique alors que nous nous intéressons à l'archéologie et à la préhistoire, c'est que cette science est principalement responsable en égyptologie des lacunes évoquées. Favorisant l'étude philologique* au détriment de l'analyse archéologique bien souvent réduite au seul travail de fouille, la connaissance de la civilisation égyptienne pâtit de cette main mise qui restreint de trop les recherches en cours. C'est d'ailleurs l'une des raisons qui nous a amené à porter le présent travail sur les temps pré-pharaoniques. Ce choix nous permettait ainsi d'éviter le piège des textes et de montrer, pour des époques plus récentes, l'importance qu'aurait une étude archéologique, comme nous la définissons dans le glossaire, en égyptologie en complément des travaux historiques.

Revenons sur l'exemple des noms grecs de villes égyptiennes, et en particulier sur celui de *Lycopolis*. Cette seule appellation suffit à montrer combien les textes peuvent être trompeurs s'ils ne sont confrontés à aucune autre source relevant par conséquent d'une science différente de l'histoire.

Pour ce qui concerne l'archéologie et l'étude de la faune, nous dirons qu'une analyse archéologique de l'animal nécessite l'intervention d'autres sciences comme la zoologie*, l'archéozoologie*, l'ethnologie*, l'histoire pour les périodes à textes et, éventuellement, la paléontologie. Toute étude du rapport homme-animal ne prenant pas en compte ces sciences ne peut être viable scientifiquement. En effet, elle reposerait d'une part sur une méconnaissance du monde animal qui est à la base même du travail d'analyse, d'autre part sur l'acceptation d'un consensus qui veut qu'une représentation d'animal soit identifiée comme l'animal reconnu par le chercheur parce que ce dernier trouve qu'il ressemble à un animal qu'il connaît sans se justifier d'aucune autre façon. Dans un tel cas de figure, l'information ne pouvant être quantifiée, elle est subjective et par conséquent en dehors de la science.

De même, il est impossible de travailler sur un animal sans étudier la famille à laquelle il appartient, voire l'ordre, avec laquelle il peut entretenir des parentés morphologiques capables de rendre ardue la tâche d'identification d'une représentation.

Enfin, la quantité d'informations à traiter montre la nécessité d'une archéologie de laboratoire trop souvent délaissée au seul profit de l'analyse de terrain. Si cette dernière est indéniablement utile à l'archéologue, elle ne doit pas prendre le pas sur le reste de son travail et tenir sa place d'outil à la disposition du chercheur comme les archives servent à l'historien. Si l'analyse de terrain (non seulement la fouille mais aussi l'étude des architectures en place ainsi que les objets et les techniques légués de génération en génération) alimente le travail de laboratoire, ce dernier est nécessaire pour permettre une amélioration constante des opérations de terrain.

---

[1] La chronologie de L. Watrin (2000) est un système de croisement de données archéologiques provenant de Haute-Égypte, de Basse-Égypte et du Proche-Orient.

[2] Le système des *Stufen* a été élaboré par W. Kaiser (1957 et 1990). Ce système reprend la typologie de W. M. Fl. Petrie pour en préciser les divisions chronologiques sur la base de la stratigraphie horizontale du cimetière d'Armant.

[3] Le système des SD (*Sequence Date*) est une méthode de datation par sériation céramique, élaborée par W. M. Fl. Petrie (1920), basée sur l'évolution des classes de poteries.

[4] La chronologie de S. Hendrickx (1996) concerne la culture de Naqada (Haute-Égypte). Elle permet de préciser, grâce à l'utilisation de la typologie de W. M. Fl. Petrie, le système de *Stufen* de W. Kaiser.

Dates av. J.-C.	Basse-Égypte Watrin[1]	Haute-Égypte *Stufen* Kaiser[2]; révision Watrin[1]	Influences extérieures/ Faits politiques majeurs	Faits culturels majeurs	SD Petrie[3]	*Stufen* révision, Hendrickx[4]
3000-2900	Minshat IV Bouto V	Milieu Naqada IIIc	Milieu Dynastie I Djer-Djet-Den Révoltes dans le Delta	Echanges avec la Palestine du Bronze Ancien II	SD 80 – SD 81	Naqada IIIC1
3100-3000	Minshat III Bouto IV	Début Naqada IIIc	Début Dynastie I Narmer, Aha Unification politique — campagnes en Palestine	Palettes décorées de type militaire (P. Narmer/P. Taureaux)	SD 78 – SD 79	
3250-3100		Fin Naqada IIIa-IIIb	Milieu - fin Dynastie 0 Iry-Hor, Ka/Sekhen	Premiers Serekhs (U-s) Classe W à décor de filet (W62/fin Naqada IIIa)		Naqada IIIA2–IIIB
3400-3250	Minshat I-II Bouto III	Naqada IId1-2 -début IIIa	Début Dynastie 0 — U-j (roi Scorpion) Unification culturelle	Couteaux à manches décorés types Djebel el-Arak	SD 38/45 – SD 77	Naqada IID–IIIA1
3550-3400	Cultures post-ma'adiennes et pré-naqadiennes du Delta Bouto IIa-b	Naqada IIb-IIc	Influences mésopotamiennes de l'Uruk Moyen/LC 4 (glyptique, architecture en briques – Bouto IIb)	Céramique décorée classe D Céramique fine classe L Céramique à anses ondulées classe W (Naqada IIc)		Naqada IIB-IIC
3700-3550	Ma'adien récent Bouto Ib	Naqada Ic-IIa	Influences palestiniennes du Bronze Ancien Ia1 (architecture en pierre/métallurgie à Ma'adi)	Céramique classe C à décor animalier	SD 30 – SD 38/45	Naqada IC-IIA
3850-3700	Ma'adien ancien Fin Bouto Ia	Naqada Ia-Ib	Influences palestiniennes du Chalcolithique Final (tour de potier - Bouto I)	Céramique classe B dominante		Naqada IA-B
4000-3850	Bouto Ia	Badarien	Influence palestinienne dans certaines formes et décors céramiques	Céramique rouge à bord noir (Badari)	SD 0 – 29	Badarien
5000-4000	Mérimdéen					

Tabl. 4. Les différentes chronologies connues pour la préhistoire égyptienne (L. Watrin, 2004).

GLOSSAIRE

Allométrie[1] : Croissance d'un organe à une vitesse différente de celle de l'organisme dont il fait partie.

Anthropique : D'origine humaine, créé ou généré par l'homme.

Apprivoiser : Action par laquelle un homme accoutume, consciemment ou non, un animal sauvage à vivre avec lui. L'animal conservera sa morphologie et son psychisme originel.

Archéologie : Science de l'art ; c'est-à-dire étude de tout objet fabriqué par l'homme pour l'homme (cf. Bruneau Ph. et Balut P.-Y., 1997, parag. 24).

Archéozoologie : Étude des restes osseux d'animaux découverts sur des sites archéologiques. Il existe différents termes comme zooarchéologie, paléozoologie, etc. Nous avons retenu l'appellation d'archéozoologie car c'est celle qui est utilisée par l'Organisation Internationale qui regroupe les chercheurs intéressés et parce qu'elle est la plus usitée.

Art : Le terme est entendu dans son sens ergologique (sens du mot latin *ars*, outil) tel que développé par la théorie de la médiation (cf. Bruneau Ph. et Balut P.-Y., 1997, parag. 191 et suiv.).

Cynophagie : Usage de consommer de la viande de chien.

Espèce : Groupes de populations naturellement interféconds qui se reproduisent isolément des autres groupes.

Ethnologie : Étude des groupes humains sans écriture dans leur milieu physique et social à travers les éléments qui les caractérisent : organisation sociale et religieuse, arts et techniques, langage, mode de vie, etc.

Éthologie : Étude comparative du comportement animal.

Famille : Catégorie pour taxons monophylétiques composée d'un genre ou d'un groupe de genres ou de tribus qui sont séparés des unités similaires (autres familles) par une distance convenue ; l'importance de cette distance est inversement proportionnelle à l'importance de la famille. Dans la hiérarchie des catégories, la famille représente le niveau entre l'ordre et le genre. Le terme définissant la catégorie famille est reconnaissable à sa terminaison *-idae* (cx. : *Canidae*).

Femellité : Terme désignant les caractères propres à la femelle dépassant le simple critère sexuel. Ce terme se distingue de celui de *féminité* en ce sens qu'il ne s'applique pas à la femme mais aux animaux[2].

Forme de croissance : Expression de la conformation corporelle soit sous une forme allongée et svelte, soit sous une forme plus courte et plus robuste. Les types dit de forme de croissance ont été créés et sont maintenus par la sélection artificielle comme c'est le cas du type lévrier.

Genre : Catégorie d'un taxon qui inclut une espèce ou un groupe d'espèces présumé d'origine phylogénétique commune, lequel est séparé des unités similaires auxquelles il est associé (autres

---

[1] Certaines définitions liées à la zoologie ont été extraites de l'ouvrage d'E. Mayr et P. D. Ashlock (1991, glossaire) et traduites par l'auteur.
[2] Je remercie E. Honoré pour m'avoir fait connaître ce terme d'usage en zoologie comme en psychologie.

genres) par une distance convenue ; l'importance de cette distance est inversement proportionnelle à l'importance de l'unité. Cette catégorie est directement au-dessus de celle de l'espèce dans la hiérarchie Linnéenne.

Histoire : Étude des événements, des faits lointains et récents de la société humaine à l'échelle du groupe ou de l'individu.

Humanimal/aux : Nom donné par l'auteur aux images d'animaux représentées dans des attitudes semblables à celles de l'homme. L'expression « animal humanisé » se rencontre aussi.

Iconographie : Discipline de l'archéologie qui a pour objectif l'analyse des images.

Philologie : Étude, analyse d'une langue dans ses moindres détails (grammaire, orthographe, accentuation, prononciation, comparaison avec d'autres langues...). La connaissance qu'en retire le philologue, en particulier dans le cas d'une langue morte, lui permet d'établir les traductions des textes anciens.

Race : Groupe d'animaux sélectionnés par l'homme, possédant une allure uniforme, héréditaire, qui les distingue des autres races de la même espèce. La notion de race telle qu'elle est entendue ici ne concerne donc que les animaux domestiques.

Sous-espèce : Ensemble de populations locales d'une espèce n'habitant pas une subdivision géographique du rang de l'espèce et différant taxonomiquement des autres populations de l'espèce, mais féconde avec elles.

Taxon : Un groupe de populations monophylétiques ou de plus faible taxa qui peut être reconnu par le partage d'un ensemble de traits définis ; un tel groupe est suffisamment distinct pour être digne du nom et être classé dans une catégorie taxonomique définie.

Type : Dans la nomenclature, un objet zoologique qui sert de base au nom du taxon. En morphologie, le terme fait référence au Bauplan basique du plus haut taxon, qui est une généralisation, une idéalisation structurelle d'un échantillon, duquel dérive toutes les variations observées à l'intérieur du taxon ; un archétype.

Zoologie : Science qui étudie les animaux ; l'archéozoologie, l'éthologie, etc. sont les disciplines qui en composent les différentes branches.

TABLE DES ILLUSTRATIONS

Fig. 1. Présentation des grandes unités systématiques appliquées au loup indien (*Canis lupus pallipes*, Asie du Sud-Ouest) — 2

Tabl. 1. Formule dentaire des canidés. — 3

Fig. 2. a-Greyhound (*Canis familiaris*) b-Saluki (*Canis familiaris*) c-Chacal commun (*Canis aureus*). — 4

Fig. 3. a-Renard fauve (*Vulpes vulpes*) b-Renard du désert (*Vulpes rueppelli*) c-Fennec (*Vulpes zerda*) — 5

Fig. 4. a-Lycaon (*Lycaon pictus*) b-Hyène rayée (*Hyæna hyæna*) c-Hyène tachetée (*Crocuta crocuta*) — 6

Tabl. 2. Liste des noms de canidés et hyénidés en différentes langues. — 7

Fig. 5. Généalogie de quelques groupes raciaux (Gautier A., 1988, p. 123). — 8

Fig. 6. Quatre crânes de loup (Brewer D. et al., 1994, fig. 8.10) : A. loup, B. loup capturé jeune et maintenu en captivité, C. loup né en captivité, D. seconde génération de loup captif. — 11

Fig. 7. Carte détaillée de l'Égypte er de la Nubie. — 15

Fig. 8. Coupe de Moscou (53) sur laquelle un chasseur tient en laisse ses lévriers (classe C, vers Naqada Ic). — 17

Fig. 9. Coupe de Naqada (49) présentant des lévriers portant une ganse (classe C95, vers Naqada Ic). — 20

Fig. 10. Hyène attaquant un bovidé sur la palette de Stockholm (22), vers Naqada Ic. — 21

Fig. 11. Étiquette de la tombe U-j d'Abydos, début Naqada IIIa. — 21

Fig. 12. Lévriers d'un casse-tête de Gebelein (16), Naqada Ic (d'après Daressy G., 1922, fig. 1). — 21

Fig. 13. Chien (variété de mastiff ?) d'une gravure du Ouadi Abou Subeira (6), d'après Cervicek P. (1974, fig. 510). — 22

Fig. 14. Le peigne Davis serait le seul objet du IVe millénaire à figurer une possible représentation du chacal mais cet objet issu du marché de l'art est suspect quant à son authenticité (Metropolitan Museum, n° 30.8.224). — 23

Fig. 15. Lévriers à poils courts sur la palette de Minshat Ezzât (33), Naqada IIIb (Musée du Caire). 24

Fig. 16. Œuf incisé (63), Naqada Ic (d'après Leclant J. et Huard P., 1980, fig. 3). 25

Fig. 17. Une statuette de Hiérakonpolis (45) figurant un mastiff, Naqada IIIb-début IIIc (règne de Narmer). 25

Fig. 18. Mastiff de la tombe 58 c 4 d'Abousir El-Mélek (43), Naqada IIIb (Ägyptisches Museum de Berlin, n° 18608). 25

Fig. 19. Palette de la collection Barbier-Mueller (Genève). 26

Fig. 20. Sépulture de chien à Hélouan (69), début Ire dynastie (Saad Y. Z., 1947, pl. 73). 28

Fig. 21. Pariah poursuivant un ongulé sur une jarre D50 d'Abydos (57), Naqada IIc-d1 (Payne J. C., 2000, fig. 44.8743). 30

Fig. 22. Chasse au cerf de Çatal Hüyük (musée Hittite d'Ankara, 7000 av. J.-C.). 31

Fig. 23. Le chien symbolise l'homme (54), c. Naqada Ic (Pierini G., 1990, fig. 289). 31

Fig. 24. Manche de couteau de Gebel-el-Arak (10), fin Naqada IId-début IIIa. 31

Fig. 25. Amulette de Mostagedda (38), d'après Brunton G. (1937, pl. XLIII, 28). 33

Fig. 26. Palette scutiforme surmontée d'un pariah en protomé (25), fin Naqada IIIa-IIIb (Wild H., 1948, pl. 1.a). 33

Fig. 27. Ostracon de Toutankhamon chassant le lion avec son chien (Vallée des rois, XVIIIe dynastie). 34

Fig. 28. Empreinte de sceau provenant de la tombe de Djer à Abydos (9) associant un canidé à la personne du roi (Petrie W. M. Fl., 1901, pl. 15.108). 36

Fig. 29. Palette aux taureaux (34), début Naqada IIIc. 37

Fig. 30. Figuration de la chienne d'Isis-Sothis ? (46, fin Naqada IIIb-début IIIc) 37

Fig. 31. Chienne représentant Sothis (terre-cuite gréco-romaine). 37

Tabl. 3. Présentation du nombre de fragments des animaux étudiés découverts sur chacun des sites. 41

Fig. 32. Palette d'El Ahaiwah adoptant la forme d'un renard (24), fin Naqada IIIa. 44

Fig. 33. « Épingle à cheveux » de Badari (62), d'après Brunton G. et Caton-Thompson G. (1928, pl. LIII, 21). 45

Fig. 34. Palette aux lycaons (30), Naqada IIIb. 45

Fig. 35. Petite palette de Harkness (27) possédant un *serekh* anonyme parfois attribué au roi Faucon (Naqada IIIb). 46

Fig. 36. Masque articulé en bois représentant la tête d'Anubis (XXIe dynastie, conservé au Musée du Louvre). 49

Fig. 37. Papyrus peint du British Museum présentant des humanimaux dont un renard flûtiste, XXᵉ dynastie (Robins G., 1997). 50

Fig. 38. Renard piétinant un ennemi sur le fragment de Köfler-Truniger (23), Naqada IIIa (Musée de Zürich, 1961, fig. 8). 51

Fig. 39. Chiens s'allaitant auprès de lycaons femelles sur la palette de Munagat (28), Naqada IIIb. 52

Fig. 40. Chienne allaitant ses petits, Ancien Empire (d'après Fischer H. G., 1958, fig. 22). 52

Fig. 41. Vase de Diospolis Parva présentant des chiennes (50), classe C vers Naqada Ic (Petrie W. M. Fl. et Mace A. C., 1901, pl. 14.93b). 53

Fig. 42. Tête de massue du roi « Scorpion » (17), fin Naqada IIIb-début IIIc (Quibell J. E., 1900, pl. XXVI, c). 57

Fig. 43. Vase d'Abydos (61) à décor archaïsant figurant Seth (a) selon L. Habachi, début de la Iʳᵉ dynastie (Habachi L., 1939, pl. 73 et fig. 72). 58

Fig. 44. Fragment de poterie provenant du temple d'Abydos (d'après Meyer E., 1904, p. 97). 59

Tabl. 4. Les différentes chronologies connues pour la préhistoire égyptienne (L. Watrin, 2004). 67

CATALOGUE DES OBJETS ET DES VESTIGES OSSEUX

Le catalogue suivant ne comporte pas l'ensemble de la documentation archéologique utilisée pour notre étude mais seulement les documents mentionnés dans le présent ouvrage. Le catalogue est organisé en deux parties. La première concerne seulement les objets et la seconde les sites ayant fourni des vestiges osseux. Le numéro au début de chaque ligne renvoie au numéro de mention dans le texte. Le numéro de figure entre parenthèses renvoie aux illustrations. La partie objets, ordonnée de manière chronologique autant que possible, présente, dans l'ordre, la fonction, le lieu de provenance, la datation, le lieu de conservation avec son numéro d'inventaire, les références bibliographiques (celles-ci se résument à la première publication et à la plus récente). Quand nous n'avons pu obtenir par nous-même l'information, nous indiquons *n. c.* Quand l'objet vient du commerce, nous préciserons *achat* après le lieu de provenance supposé s'il a été communiqué. La partie ostéologique est ordonnée de façon géographique de Basse-Égypte vers la Haute-Égypte et le Soudan.

CATALOGUE DES OBJETS

ART RUPESTRE

1. Gravure rupestre, Qasr el-Banat, IVe millénaire av. J.-C., *in situ* : Redford S. et D. B., 1989, p. 13, fig. 10-11.
2. Gravure rupestre, Ouadi Abou Wasil site 26 gravure M213a, IVe millénaire av. J.-C., *in situ* : Winkler H. A., 1938, p. 26, pl. 23.3 ; Osborn D. J. et Osbornova J., 1998, fig. 7.14.
3. Gravure rupestre, Abou Ballas cat. N°2, IVe millénaire av. J.-C., *in situ* : Rhotert H., 1952, p. 71-72, pl. 36.5 et 6 ; Leclant J. et Huard P., 1980, p. 283, fig. 102.2.
4. Gravure rupestre, Nag Kolorodna N.K. 47 et 58, IVe millénaire av. J.-C., *in situ* : Almagro Basch et Almagro Gorbea M., 1968, p. 84 et 91-92, fig. 49 et 60 ; Hendrickx S., 1992, p. 22, fig. 7.c. ; Leclant J. et Huard P., 1980, p. 279, fig. 101.4.
5. Gravure rupestre, Karkur Tahl cat. N°1526, IVe millénaire av. J.-C., *in situ* : Rhotert H., 1952, p. 32, pl. 12.7 ; Allard-Huard L. et Huard P., 1981, p. 36, fig. 38.
6. Gravure rupestre, Ouadi Abou Subeira cat. N°336, IVe millénaire av. J.-C., *in situ* (fig. 13) : Cervicek P., 1974, p. 95, fig. 510.

CUILLERS

7. Manche de cuiller (?), Gebelein (achat), Naqada IIc-d1, Musée du Caire = JE34217 : Quibell J. E., 1901, p. 132, pl. 1.7 ; Vandier J., 1952, p. 395, fig. 267 et 368,38.7.
8. Cuiller, Ballas (achat), Naqada IIIa-IIIb, Ashmolean Museum d'Oxford = 1895.902 : Petrie W. M. Fl. et Quibell J. E., 1896, p. 46, pl. 61.2 ; Asselberghs H., 1961, p. 15, 75, 97 et 309, pl. 23.31.

GLYPTIQUE

9. Empreinte de sceau, tombe de Djer à Abydos, Règne de Djer (début milieu Naqada IIIc), n. c. (fig. 28) : Petrie W. M. Fl., 1901, p. 30, pl. 15.108.

CATALOGUE DES OBJETS ET DES VESTIGES OSSEUX

MANCHES

10. Manche de couteau dit de Gebel-el-Arak, Gebel-el-Arak (achat), Naqada IId2 ou début IIIa, Musée du Louvre à Paris = E11517 (fig. 24) : Bénédite G., 1916 ; Osborn D. J. et Osbornova J., 1998, p. 5-6, fig. 1.11.
11. Manche de couteau dit de Carnarvon, n. c. (achat), Naqada IId2-début IIIa, Metropolitan Museum of Art de New York = 26.7.1281 : Capart J., 1905, p. 69, fig. 35 ; Osborn D. J. et Osbornova J., 1998, p. 5, fig. 1.9.
12. Manche de couteau dit de Gebel Tarif, découvert à El-Amrah selon A. Amélineau (achat), Naqada IId2-début IIIa, Musée du Caire = JE31362 : Morgan J. de, 1896, p. 112-113, fig. 136 ; Osborn D. J. et Osbornova J., 1998, p. 6, fig. 1.12.
13. Manche de couteau, Hiérakonpolis, Naqada IId2-début IIIa, University College de Londres = UC16295 : Capart J., 1904, p. 69, fig. 36 ; Vandier J., 1952, p. 552, fig. 370 ; Osborn D. J. et Osbornova J., 1998, fig. 7.18.
14. Manche de couteau dit d'Abou Zaïdan, tombe 32 d'Abou Zaïdan, début Naqada IIIa, Brooklyn Museum = 09.889.118 : Morgan H. de, 1909, p. 274-278, fig. 137 ; Osborn D. J. et Osbornova J., 1998, p. 4-5, fig. 1.7.
15. Manche de couteau dit de Pitt-Rivers, Sheyk Hamâdeh (achat), Naqada IId2-début IIIa, Pitt-Rivers Museum de Farnham = n. c. : Petrie W. M. Fl. et Quibell J. E., 1896, p. 51, pl. 77 ; Osborn D. J. et Osbornova J., 1998, p. 5 et 56, fig. 1.8.

MASSUES ET CASSE-TÊTE

16. Casse-tête, nécropole de Gebelein, Naqada Ic, Musée Boulaq =26602 (fig. 12) : Daressy G., 1922.
17. Tête de massue dite du roi « Scorpion », *Main Deposit* de Hiérakonpolis, fin Naqada IIIb-début IIIc, Ashmolean Museum d'Oxford = E3632 (fig. 42) : Quibell J. E., 1900, p. 9, pl. 25 et 26.c ; Adams B. et Cialowicz K. M., 1997, p. 45, fig. 1.
18. Tête de massue dite du roi Narmer, *Main Deposit* de Hiérakonpolis, fin Naqada IIIb-début IIIc, Ashmolean Museum d'Oxford = E3631 : Quibell J. E., 1900, p. 8-9, pl. 25 et 26.a-b ; Adams B. et Cialowicz K. M., 1997, fig. 8.

MODÈLE

19. Modèle de maison, n. c. (achat), Naqada Ic, Royal Ontario Museum = 9002.45 : McHugh W., 1990.

PALETTE

20. Palette, nécropole de Beit Allam, Naqada Ic, Musée des Antiquités Nationales de Saint-Germain-en-Laye = 77.713F : Morgan J. de, 1897, p. 145, fig. 510-511 ; Weill R., 1961, p. 262-263 ; Gady É., 1992, n°87.
21. Palette, n. c. (achat), Naqada Ic, Musées Royaux d'Art et d'Histoire de Bruxelles = E6834 : Mounier-Leclercq E., 1935 ; Hendrickx S., 1992, p. 16 et 24.
22. Palette dite de Stockholm, n. c., Naqada Ic, Medelhavsmusert de Stockholm = EM6000 (fig. 10) : Säve-Söderbergh T., 1953, p. 18-19, fig. 8 ; Asselberghs H., 1961, p. 42, 138 et 315-316, pl. 46.69-70.
23. Fragment de palette, Abydos (achat), Naqada IIIa, Lucerne collection privée Köfler-Truniger (fig. 38) : Müller H. W., 1959 ; Adams B. et Cialowicz K. M., 1997, p. 43, fig. 40.
24. Palette, cimetière A tombe 226 d'El Ahaiwah (Guizeh), fin Naqada IIIa, Lowie Museum of Anthropology de Berkeley = 6-19071 (fig. 32) : Reisner G.-A., 1936, p. 378, fig. 188 ; Houlihan P. F., 1996, fig. 58.
25. Palette, Haute-Égypte (achat), fin Naqada IIIa-IIIb, Musée d'art et d'Histoire de Genève (fig. 26) = D1167 : Wild H., 1948, p. 41-44, pl. 1.A ; Asselberghs H., 1961, p. 147, 279 et 321, pl. 52.86-87.
26. Palette dite de la chasse, Abydos (achat), fin Naqada IIIa-début IIIb, Musée du Louvre à Paris = E11254 et British Museum de Londres = EA20790 et EA20792 : Heuzey L., 1890 ; Budge E. A. W., 1890 ; Cialowicz K. M., 1991, p. 55-56, fig. 24 ; Osborn D. J. et Osbornova J., 1998, p. 3, fig. 3.
27. Palette dite de Harkness, Delta (achat), fin Naqada IIIa-début IIIb, Metropolitan Museum of Art de New York = 28.9.8 (fig. 35) : Fischer H. G., 1958, p. 78 et 82-83, fig. 20 ; Cialowicz K. M., 1991, p. 48, fig. 13.

28. Palette dite de Munagat, Munagat (achat), Naqada IIIb, Metropolitan Museum of Art de New York = 62.230 (fig. 39) : Fischer H. G., 1958, p. 77-79, fig. 11-13 ; Asselberghs H., 1961, p. 196-197, 288 et 333, pl. 80, fig. 25 ; Cialowicz K. M., 1991, p. 49-50, fig. 14.
29. Fragment de palette, Haute-Égypte (achat), Naqada IIIb, Musées Royaux d'Art et d'Histoire de Bruxelles = E6196 : Legge F., 1906 ; Petrie W. M. Fl., 1953, p. 15, pl. H.22 ; Asselberghs H., 1961, p. 196 et 331, pl. 76 et 77.
30. Palette dite aux lycaons, Damanhur (achat), Naqada IIIb, Musée du Louvre de Paris = E11052 (fig. 34) : Bénédite G., 1903 ; Osborn D. J. et Osbornova J., 1998, p. 47-48, fig. 12.a-b.
31. Fragment de palette dite de Michailidis, n. c. (achat), Naqada IIIb, collection privée de G. Michailidis (le Caire) : Fischer H. G., 1958, p. 65-68, fig. 9-10 ; Cialowicz K. M., 1991, p. 52, fig. 19.
32. Palette dite de Hiérakonpolis, *Main Deposit* de Hiérakonpolis, Naqada IIIb, Ashmolean Museum d'Oxford = E3924 : Heuzey L., 1899, p. 66 et 67 ; Osborn D. J. et Osbornova J., 1998, p. 2-3, fig. 2.a-b.
33. Palette dite de Minshat Ezzât, aire A secteur 10 tombe 82 de Minshat Ezzât, Naqada IIIb, Musée du Caire = n. c. (fig. 15) : El-Baghdadi S. G., 1999.
34. Palette dite aux taureaux, n. c. (don), fin Naqada IIIb-début IIIc (contemporain de Narmer), Musée du Louvre de Paris = E11255 (fig. 29) : Heuzey L., 1892 ; Ridley R. T., 1973, p. 37-38, pl. 13.1-2.
35. Palette dite de Narmer, *Main Deposit* de Hiérakonpolis, début Naqada IIIc (règne de Narmer), Musée du Caire = JE32169 : Quibell J. E., 1898 ; Petrie W. M. Fl., 1953, p. 11 et 16-17, pl. J et K.

PEINTURE

36. Peinture murale dite de Hiérakonpolis, tombe 100 du Ouadi Khamsin, Naqada IIc-d1, Copie au Musée du Caire : Quibell J. E. et Green F. W., 1902, p. 20-21, pl. 75 et 77 ; Cialowicz K. M., 1997, p. 348-352.

PENDENTIFS

37. Dents de chien perforées, Mérimdé-Bénisalamé niveau II (début mérimdéen), n° de fouille = MB 80 S I^{96} X et MB 79 S I^{23} XX : Eiwanger J., 1984, p. 56, pl. 66 ; Eiwanger J., 1988, p. 46, pl. 56.
38. Deux amulettes, tombe 1757 de Mostagedda, IVe millénaire av. J.-C., n. c. (fig. 25) : Brunton G., 1937, p. 71 et 86, pl. 43.28.
39. Amulette en hématite, n. c., IVe millénaire av. J.-C., n. c. : Petrie W. M. Fl., 1920, pl. 9.11.
40. Amulette, n. c., IVe millénaire av. J.-C., n. c. : Petrie W. M. Fl., 1920, pl. 9.24.

SCEPTRE

41. Sceptre dit de Hiérakonpolis, *Main Deposit* de Hiérakonpolis, fin Naqada IIIb-début IIIc, Ashmolean Museum d'Oxford = E367 : Quibell J. E., 1900, p. 8, pl. 19.6 ; Osborn D. J. et Osbornova J., 1998, fig. 7.22.

STATUETTES

42. Figurine en silex, cimetière prédynastique de Naqada, Naqada Ic, University College de Londres = n. c. : Capart J., 1904, p. 148, fig. 105.19 ; Osborn D. J. et Osbornova J., 1998, p. 4 et 59, fig. 1.6, e.
43. Groupe de satuettes, la tombe 58 c 4 d'Abousir El-Mélek, Naqada IIIb, Musée du Caire = JE38197-38198 et Ägyptische Museum de Berlin = 18608 (fig. 18) : Möller G. et Scharff A., 1926, p. 63, pl. 39, 437-438 et 58, 10-16 ; Vandier J., 1952, p. 464-466, fig. 309, 438 ; Kaiser W., 1967, n° 154.
44. Groupe de satuettes, tombe de Djer à Abydos, Règne de Djer (début milieu Naqada IIIc), n. c. : Petrie W. M. Fl., 1901, p. 37, pl. 34.21-22.
45. Statuette, *Main Deposit* de Hiérakonpolis, fin Naqada IIIb-début IIIc, Ashmolean Museum d'Oxford = E310 (fig. 17) : Quibell J. E., 1900, p. 7, pl. 12.7 ; Osborn D. J. et Osbornova J., 1998, fig. 7.19.
46. Statuette, Delta oriental (achat), fin Naqada IIIb-début IIIc, Musée du Louvre de Paris = E27203 (fig. 30) : Desroches-Noblecourt Ch., 1979, p. 112-116, fig. 11.

47. Groupe de statuettes, tombeau royal de Naqada (« chambre bêta »), début Ire dynastie, Musée du Caire = JE27374 : Morgan J. de, 1897, p. 160, 192 et 194 ; Quibell J. E., 1905, n°14042-14043.

STÈLE

48. Stèle de *Nb*, Abydos, Ire dynastie, Musée du Caire = JE14608 : Morgan J. de, 1897, p. 238, fig. 801 ; Janssen R. et J., 1989, p. 13, fig. 7.

VAISSELLE

49. Coupe, classe C95, cimetière principal tombe 1644 de Naqada, c. Naqada Ic, Ashmolan Museum d'Oxford = 1895.487 (fig. 9) : Petrie W. M. Fl. et Quibell J. E., 1896, p. 37-38, pl. 29.95 ; Hendrickx S., 1992, p. 18.
50. Vase, classe C, cimetière de Diospolis Parva, c. Naqada Ic, n. c. (fig. 41) : Petrie W. M. Fl. et Mace A. C., 1901, pl. 14.93b ; Vandier J., 1952, p. 272, fig. 173, 98D ; Hendrickx S., 1992, p. 18.
51. Vase, classe C67, n. c., Naqada Ic, University College de Londre = n. c. : Capart J., 1904, p. 105, fig. 75 centre ; Osborn D. J. et Osbornova J., 1998, p. 78.
52. Coupe, classe C, Abydos ou Gebelein (?), Naqada Ic, Musée du Caire = 2076 : Morgan J. de, 1896, p. 159, pl. 2.5 ; Asselberghs H., 1961, p. 23, 92 et 303, pl. 7.11.
53. Coupe dite de Moscou, classe C, n. c. (achat), c. Naqada Ic, Musée des Beaux-Arts de Moscou = N2947 (fig. 8) : Turaïev V., 1912, pl. 2.1, p. 19-20 ; Leclant J. et Huard P., 1980, p. 49 et 277, fig. 1 et 99, 1 ; Houlihan P. F., 1996, p. 75-76.
54. Vase, classe P, n. c. (achat), c. Naqada Ic, Musée Royaux du Cinquantenaire de Bruxelles = E2631 (fig. 23) : Capart J., 1909 ; Hendrickx S., 1994, p. 19, fig. E2631.
55. Vase, cimetière U d'Abadiya, Naqada Ic, n. c. : Petrie W. M. Fl. et Mace A. C., 1901, p. 29, pl. 20.16 ; Hendrickx S., 1992, p. 16, 22 et 24, fig. 7.a.
56. Coupe, classe C19n, n. c. (fouille), Naqada Ic, n. c. : Petrie W. M. Fl., 1920, pl. 16.64 ; Vandier J., 1952, p. 272, fig. 174.64.
57. Jarre, classe D50, Abydos, Naqada IIc-d1, Ashmolean Museum = E2832 (fig. 21) : Payne J. C., 2000, p. 108-109, fig. 44.873.
58. Vase, classe D59 avec anse triangulaire, Khozam, Naqada IId1, Museum des sciences naturelles de Lyon = 1591 : Pierini G., 1990, fig. 310 ; Hendrickx S., 1992, p. 19 et 25.
59. Vase, classe D, petit cimetière naqadien d'Hammamiya, Naqada IIc-d1, Museo Egizio de Turin = S4749 : Paribeni R., 1940, p. 283 ; Fattovich R., 1978, p. 200, pl. 15, fig. 2.
60 Vase, Delta oriental (achat), fin Naqada IIIb-début IIIc, Musée du Louvre de Paris = E27202 : Desroches-Noblecourt Ch., 1979, p. 111-112, fig. 8.a-d.
61. Vase, Abydos, début de la Ire dynastie, Musée du Caire = JE72148 (fig. 43) : Habachi L., 1939, p. 770-773, pl. 145 et 148.8, fig. 72.

DIVERS

62. « Épingle à cheveux », section 103 tombe 1716 de Badari, SD 33-42, Dunedin = n. c. (fig. 33) : Brunton G. et Caton-Thompson G., 1928, p. 58, pl. 53.21 ; Baumgartel E. J., 1960, p. 74.
63. Œuf incisé, Naqada Ic, n.c. (achat), Oriental Institute Museum de Chicago = 12322a (fig. 16) : Kantor H. J., 1948 ; Osborn D. J. et Osbornova J., 1998, fig. 13.87.
64. Disque dit d'Hemaka, tombe S 3035 à Saqqara Nord, règne de Den (milieu Ire dynastie), Musée du Caire = JE6279 : Emery W. B., 1938, p. 28-32, pl. 12.b ; Leclant J. et Huard P., 1980, p. 277, fig. 99.5 ; Houlihan P. F., 1996, p. 76, pl. 2.

CATALOGUE DES OBJETS ET DES VESTIGES OSSEUX

CATALOGUE DES SITES

65. Mérimdé-Bénisalamé, mérimdéen (V^e millénaire av. J.-C.) : Bœssneck J., 1988, p. 14, tabl. 1-2.
66. Héliopolis, tombe 38-42, Naqada Ia-IIa : Debono F., 1954, p. 637-638, pl. 5.2.1 ; Debono F. et Mortensen B., 1988, p. 17, pl. 12 ; Seeher J., 1992, p. 230.
67. Maadi, ouest de la nécropole prédynastique, Naqada Ia-IIa : Rizkana I. et Seeher J., 1990, p. 27-28, fig. 3. ; Seeher J., 1992, p. 230.
68. Ouadi Digla, Nord de la nécropole, animal 5, Naqada Ia-IIa : Rizkana I. et Seeher J., 1990, p. 93-94, pl. 25, Wd animal 5, fig. 11 ; Seeher J., 1992, p. 230.
69. Hélouan, tombe 421H3, début Ire dynastie (fig. 20) : Saad Z. Y., 1947, p. 166-167, pl. 73.
70. Saqqara, mastaba d'Hemaka, tombe 3035, règne de Den (milieu Ire dynastie) : Service des Antiquités, 1939, p. 79 ; Bonnet Ch. et al., 1992, p. 38.
71. Saqqara, mastaba d'Herneith, tombe 3507, règne de Djer (début milieu Naqada IIIc) : Emery W. B., 1961, pl. 26.
72. Kom W, site E29H2 (Fayoum), ma'adien (3860 av. J.-C. ± 115 ans) : Gautier A., 1976, p. 371-372, tabl. 1.
73. Harageh, cimetière G, tombe 410, Naqada IIc-d1[1] : Engelbach R., 1923, pl. 5 et 55.
74. Matmar, cimetière 3000, tombe 3128, Naqada Ic : Brunton G., 1948, p. 16 et 17, pl. 10.
75. Badari, cimetière 5100, tombe 5113, Badarien (5000-3850 av. J.-C.) : Brunton G. et Caton-Thompson, 1928, p. 7, pl. 5.
76. Hammamiya, Aire E du cimetière, tombe 206, SD 40-70 : Brunton G. et Caton-Thompson G., 1928, p. 94 et 106, pl. 30, 63 et 69.2.
77. Abydos, au Sud/Sud-Est du temple de Sethi Ier, milieu Ire dynastie : Habachi L., 1939, p. 773-774, fig. 77.
78. Abadiya, cimetière B, tombe 119, indatable (IVe millénaire) : Petrie W. M. Fl. et Mace A. C., 1901, p. 33, pl. 1 et 6.
79. Naqada, cimetière principal, tombe 286, Naqada IIb[2] : Petrie W. M. Fl. Et Quibell J. E., 1896, p. 26 et 62.
80. Naqada, petit cimetière T, indatable (cimetière daté de Naqada IIb-IIIb) : Petrie W. M. Fl. Et Quibell J. E., 1896, p. 26.
81. Adaïma, tombes 3001/20.15, 1001/18.1, 4001/6.3, 4001/11.14 et 4001/17.29, Naqada II[3] : Midant-Reynes B. et al., 1998, p. 10 et 11.
82. Hiérakonpolis, localité 6, tombe 5, fin Naqada IIIa-IIIb : Hoffman M. A., 1982, p. 54, fig. 1.11 ; Adams B., 1995, p. 53, fig. 8
83. Ouadi Bakht, 6980 ± 80 BP : Gautier A., 1980, p. 341 ; Bonnet Ch. et al., 1992, p. 37.
84. Bir Terfawi, BT-14, aire A, Elkabien : Gautier A., 1980, p. 320, tabl. 2 ; Osborn D. J. et Osbornova J., 1998, p. 56.
85. Nabta Playa, E-75-6 (9300 BP par C^{14}) et E-75-8 (5800 BP par C^{14}) : Gautier A., 1980, p. 330-331, tabl. 3.
86. Khor Bahan, cimetière 17A, tombe n° 37 (inc.) et n° 69 (Naqada Ic-IIa) : Reisner G.-A., 1908, p. 13 et 40, pl. 35 et 77 ; Reisner G.-A., 1910, p. 117, pl. 14.
87. Ouadi Qamar, cimetière 30, tombe 36, Naqada I-IId2 : Reisner G. A., 1910, p. 192, pl. 20.
88. El Kadada, cimetière C, tombe 10 et 26 ainsi que secteur 22, 3650-3400 av. J.-C.[4] : Gautier A., 1986, p. 83-85, tabl. 5 ; Bonnet Ch. et al., 1992, p. 26-27, 37 et 38.
89. Es Shaheinab, 5500 BP : Bate D. M. A., 1953, p. 12 et 17-18 ; Gautier A., 1986, p. 84.
90. Kadero, 4000 av. J.-C. : Gautier A., 1986, p. 84 ; Gautier A., 1989, tabl. 1.
91. Saggai, Saggai I, carré C-D4, 5630 ± 100 et 5180 ± 100 av. J.-C. par C^{14} sur *Pila sp.* : Gautier A., 1983, p. 71-72 et 92, fig. 1, 12, tabl. 1 ; Gautier A., 1989, tabl. 1.

---

[1] Cf. Kaiser W., 1987, p. 119.
[2] Cette tombe ne peut être datée par son mobilier mais sa proximité immédiate avec des tombes Naqada IIb (n° 298, 276, 272, 277) suggère une datation dans cette période (Watrin L., com. pers., 2004).
[3] Seule la tombe 4001/11.14, par la présence d'un vase R91 typique de Naqada IIc, peut être datée précisément de cette période (Watrin L., com. pers., 2004).
[4] La calibration des dates (4840 ± 70-4630 ± 80 BP par C^{14} sur coquille d'*Aspatharia*) a été obtenu à partir du logiciel Calib 3.0 (Stuiver M. A. et Reimer P. J., 1993).

BIBLIOGRAPHIE ET ABRÉVIATIONS

Adams B. (1995) : *Ancient Hierakonpolis Supplement*, Londres.
Adams B. et Cialowicz K. M. (1997) : *Protodynastic Egypt*, Shire Egyptology 7, Buckinghamshire.
Allard-Huard L. et Huard P. (1981) : *Nil-Sahara, dialogues rupestres : I.- Les chasseurs*, *Études scientifiques* 2, Le Caire.
Almagro Basch M. et Almagro Gorbea M. (1968) : *Estudios de arte rupestro nubio. I. Yacimientos situados en la orilla oriental del Nilo, entre Nag Kolorodna y Kasr Irbim (Nubia Egipcia)*, Memorias de la Mision Arqueologica en Egipto 10, Madrid.
ASAE : Annales du Service des Antiquités de l'Égypte, Le Caire.
Antiquity : Antiquity. A Quarterly Review of Archaeology, Ashmore Green, Newberry, Grande-Bretagne.
AV : Archäologische Veröffentlichungen, Deutsch archäologische Institut, Abteilung Kairo, Berlin.
ArchGeo : Archeologia Geographica, Hambourg.
ASE : Archaeological Survey of Egypt, Londres.
ArtAs : Artibus Asiae, Ascona.
Asselberghs H. (1961) : *Chaos en Beheersing : Documenten uit aeneolithisch Égypte*, Documenta et Monumenta Orientis Antiqui 8, Leyde.
Baines J. (1993) : « Symbolic Roles of Canine Figures on Early Monuments », *Archéo-Nil* 3, Paris, p. 57-74.
Bate D. M. A. (1953) : « The Vertebrate Fauna », *in* : Arkell A. J. (éd.), *Shaheinab*, Londres, New York, Toronto, p. 16-18.
Baumgartel E. J. (1960) : *The cultures of prehistoric Egypt*, vol. 2, Oxford University Press Londres.
Baumgartel E. J. (1970) : *Petrie's Naqada Excavation : A Supplement*, BSAE 1, Londres.
Benecke N. (1987) : « Studies on Early Dog Remains from Northern Europe », *Journal of Archaeological Science* 14, p. 31-49.
Bénédite G. (1903) : « Une nouvelle palette en schiste », *MonPiot* 10, Paris, p. 105-122.
Bénédite G. (1916) : « Le couteau de Gebel-el-Arak : Etude sur un nouvel objet préhistorique acquis par le Musée du Louvre », *MonPiot* 22, Paris, p. 1-34.
Bénédite G. (1918) : « The Carnarvon Ivory », *JEA* 5, Londres, p. 1-15 et 225-241.
BdE : Bibliothèque d'Etude, IFAO, Le Caire.
Bœssneck J. (1988) : *Die Tierwelt des alten Ägypten*, München.
Bœssneck J. et Driesch A. von den (1982) : *Studien an Subfossilar Tierknochen aus Ägypten*, MÄS 40.
Bœssneck J. et al. (1989) : Bœssneck J., Driesch A. von den et Ziegler R., « Die Tierreste von Maadi und wadi Digla », *in* : Rizkana I. et Seeher J. (éd.), *Maadi III : The Non-Lithic Small Finds and the Structural Remains of the Predynastic Settlement*, AV 80, Berlin, p. 87-128.

Bökönyi S. (1969) : *in* : *The domestication and exploitation of plants and animals*.
Bonnet Ch. et al. (1992) : Bonnet Ch., Chaix L., Lenoble P., Reinold J. et Valbelle D., « Sépultures à chiens sacrifiés dans la vallée du Nil », *CRIPEL* 14, Lille, p. 25-39.
Braunstein-Sylvestre F. (1988) : « Ressources alimentaires et alimentation dans la vallée du Nil aux époques préhistoriques », *in* : Bodson L. (éd.), *L'animal dans l'alimentation humaine, les critères de choix*, acte du colloque international de Liège 26-29 nov. 1986, *Anthropozoologica* 2 spécial, Paris, p. 59-64.
Braunstein-Sylvestre F. (1989) : « Des communautés rurales aux premiers villages », *SAK* 2, Hambourg, p. 305-311.
Brewer D. J. et al. (1994) : Brewer D. J., Redford D. B. et Redford S., *Domestic Plants and Animals : The Egyptian Origins*, Warminster.
Briggs B. C. (1960) : *Tribes of the Sahara*, Cambridge, Massachusetts.
Brink E. C. M. van den (2001) : « The pottery-incised serekh-signs of Dynasties 0-1. Part II : fragments and additional complete vessels », *Archéo-Nil* 11, Paris, p. 23-100.
BAR-IS : British Archaeological Reports, International Series, Londres.
BSAE : British School of Archaeology in Egypt, Londres.
Brixhe J. (2000) : « Contribution à l'étude des canidés dans l'Égypte ancienne », *Bibliotheca Orientalis* 67/1, Rome, col. 5-16.
Bruneau Ph. et Balut P.-Y. (1997) : *Artistique et archéologie. Mémoires d'Archéologie Générale 1-2*, PUPS, Paris.
Brunton G. (1927) : *Qau and Badari : I*, *BSAE* 44.
Brunton G. (1937) : *Mostagedda and the Tasian Culture*, Londres.
Brunton G. (1948) : *Matmar*, Londres.
Brunton G. et Caton-Thompson G. (1928) : *The Badarian Civilisation and Predynastic Remains Near Badari*, *BSAE* 46, Londres.
Budge E. A. W. (1890) : « Sculptured slabs from Mesopotamia found in Egypt », *Classical review* 4, p. 322-323.
BIFAO : Bulletin de l'Institut Français d'Archéologie Orientale, Le Caire.
BSFE : Bulletin de la Société Française d'Égyptologie, Paris.
BMRAH : Bulletin des Musées Royaux d'Art et d'Histoire, Bruxelles.
CASAE : Cahiers, supplément aux ASAE, Le Caire.
CCdE : Cahiers Caribéens d'Égyptologie, Scheolcher (Martinique).
CRIPEL : Cahiers de Recherches de l'Institut de Papyrologie et Egyptologie de Lille, Université de Lille, Lille.
Capart J. (1904) : *Les débuts de l'Art en Égypte*, Bruxelles.
Capart J. (1905) : *Primitive Art*, Londres.
Capart J. (1909) : « Vase préhistorique à décor incisé », *BMRAH 2ᵉ série* 2, Bruxelles, p. 8.
Capart J. (1939) : « Les fables d'animaux », *CdE* 27, Bruxelles, p. 340-341.
Cervicek P. (1974) : *Felsbildere des Nord-Etbai, Oberägyptens und Unternubiens*, Wiesbaden.
Chaix L. (1982) : « Seconde note sur la faune de Kerma (Soudan). Campagnes 1981 et 1982 », *Genava* 30, p. 67-70.
Chaplin (1969) : : *in* : *The domestication and exploitation of plants and animals*.
Charron A. (1985) : *Les sépultures animalières dans l'Égypte antique*, mémoire de maîtrise, Université Paris IV-Sorbonne, Paris.
Chevallier D. (1987) : « Le chien », *in* : Chevallier D. (éd.), *L'homme, le porc, l'abeille et le chien : La relation homme et animaux dans le Haut-Diois*, Institut d'Ethnologie, Paris, p. 151-165.
CdE : Chronique d'Égypte, Bruxelles.
Cialowicz K. M. (1987) : *Les têtes de massues des périodes prédynastiques et archaïques dans la vallée du Nil*, Varsovie-Cracovie, Uniwersytet Jagiellonski Panstwowe Wydawnictow Naukowe.
Cialowicz K. M. (1991) : *Les palettes égyptiennes aux motifs zoomorphes et sans décoration*, Studies in Ancient Art and Civilisation 3, Krakow.
Cialowicz K. M. (1997) : « Le manche de couteau de Gebel-el-Arak. Le problème de l'interprétation de l'art prédynastique », *Warsaw Egyptological Study I. Essays in honour of professor Dr. Jadwige Lipinska*, Warsaw, p. 339-352.

Clédat J. (1913) : « Les vases d'El-Béda », *ASAE* 13, Le Caire, p. 115-121.
Clutton-Brock J. (1969) : « The Origins of the Dogs », *in* : Brothwell D. et Higgs E. S. (éd.), *Science in Archaeology. A Survey of Progress and Research*, Thames & Hudson, Londres, p. 269-274.
Clutton-Brock J. (1976) : « Man-made dogs », *in* : Higgs E. (éd.), *Origine et élevage de la domestication*, IXe Congrès UISPP, Colloque XX, Nice, p. 13-21.
Clutton-Brock J. (1981) : *Domesticated Animals from Early Times*, Heinemann, Londres.
Clutton-Brock J. (1987) : *A Natural History of Domesticated Mammals,* Cambridge.
Clutton-Brock J. (1995) : *Les loups et les chiens*, Gallimard, Paris.
Clutton-Brock J. et Jewel P. (1993) : « Origin and Domestication of the Dog », *in* : Evans H. E. (éd.), *Miller's Anatomy of the Dog. Saunders*, Philadelphia, p. 21-33.
Crompton W. M. (1918) : « A Carved Slate Palette in the Manchester Museum », *JEA* 5, Londres, p. 57-60.
Daressy M. G. (1922) : « Un casse-tête en bois de Gebelein », *ASAE* 22, Le Caire, p. 17-32.
Darwin Ch. (1859) : *The Origin of Species*, Londres.
Daumas F. (1965) : *Les dieux de l'Égypte*, Que sais-je ? 1194, PUF.
Davies N. M. et Gardiner A. H. (1926) : *The Tomb of Huy, Viceroy of Nubia in the Reign of Tutankhamun*, Londres.
Debono F. (1950) : « Héliopolis, trouvailles prédynastiques », *CdE* 50, Bruxelles, p. 233-237.
Debono F. (1954) : « La nécropole prédynastique d'Héliopolis (fouilles de 1950) », *ASAE* 52/2, Le Caire, p. 625-652.
Debono F. et Mortensen B. (1988) : *The Predynastic Cemetery of Heliopolis, AV* 63, Berlin.
Desroches-Noblecourt Ch. (1979) : « Quatre objets protodynastiques provenant d'un « trésor » funéraire », *RevLouvre* 2, Paris, p.108-117.
Digard J. P. (1990) : *L'homme et les animaux domestiques*, Fayard, Paris.
Doria R. (1940) : *L'art pour l'art dans l'Égypte antique*, Paris.
Dreyer G. (1992) : « The Royal Tombs of Abydos », *in* : Kerner S. (éd.), *The Near East in Antiquity III*, Amman, p. 55-67.
Driesch A. Von Den et Bœssneck J. (1985) : *Die Tierknochenfunde aus der neolithischen Siedlung von Merimde-Benisalâme am westlichen Nildelta*, München.
Eiwanger J. (1984) : *Merimde-Benisalâme. I. Die Funde der Urschicht, AV* 47, Berlin.
Eiwanger J. (1988) : *Merimde-Benisalâme. II. Die Funde der Mittleren Merimdekultur, AV* 51, Berlin.
EEF : Egypt Exploration Fund, Londres.
ERA : Egyptian Research Account, Londres.
El-Baghdadi S. G. (1999) : « La palette décorée de Minshat Ezzât (delta) », *Archéo-Nil* 9, p. 9-11.
El-Mahi A. T. (1988) : *Zooarchaeology in the Middle Nile Valley. A study of four Neolithic sites near Khartoum, BAR-IS* 418, Londres.
Emery W. B. (1938) : *Excavations at Saqqara : the Tomb of Hemaka*, Le Caire.
Emery W. B. (1961) : *Archaic Egypt*, Edimburgh.
Engelbach R. (1923) : *Harageh, BSAE* 28, Londres.
Epstein H. (1917) : *Origins of the Domesticated Animals of Africa*, New York.
Fattovich R. (1978) : « Two Predynastic Decorated Vases from Hammamiya (Upper Egypt) », *Oriens Antiqus* 17, Budapest, p. 199-202.
Finkenstaedt E. (1981) : « The Location of Styles Painting : White Cross-Lined Ware at Naqada », *JARCE* 18, New York, p. 7-10.
Finkenstaedt E. (1984) : « Violence and Kingship : The Evidence of the Palettes », *ZÄS* 111, Berlin-Leipzig, p. 107-110.
Fischer H. G. (1958) : « A Fragment of Late Predynastic Egyptian Relief from the Eastern Delta », *ArtAs* 21/1, Ascona, p. 64-88.
Fischer H. G. (1980) : « Hunde », Lexicon der Ägyptologie III, Wiesbaden, col. 77-82.
Focillon H. (1934) : *Vie des formes. Les classiques des sciences sociales*, Chicoutimi (Québec).
FIFAO : Fouilles de l'Institut Français d'Archéologie du Caire, Le Caire.
Fox M. W. (1971) : *Behaviour of Wolves, Dogs and Related Canids*, Londres, Jonathan Cape.
Gady É. (1992) : *Les ivoires et palettes ornées de l'époque nagadienne*, mémoire de maîtrise, Paris IV-Sorbonne, Paris.

Gardiner A. H. (1969) : *Egyptian Grammar : Being an Introduction to the Study of Hieroglyphs*, 3ème éd., Oxford University Press, Londres.
Garis Davies N. de (1900) : *The Mastaba of Ptahhetep and Akhethetep at Saqqareh. Part II.- The Chapel of Ptahhetep and the Hieroglyphs*, Londres.
Gaillie R. (1830) : *Gaillie journal. Journal d'un voyage à Tombuctow et à Jenne dans l'Afrique centrale*, 2 vol., Paris.
Gautier A. (1976) : « Animal remains from archaeological sites of Terminal Paleolithic to Old Kingdom age in the Fayoum », *in* : Wendorf F. et Schild R. (éd.), *The prehistory of the Nile Valley*, studies archaeology, Londres, p. 369-381.
Gautier A. (1980) : « Contribution to the archaeozoology of Egypt », *in* : Wendorf F. et Schild R. (éd.), *Prehistory of the Eastern Sahara*, New York, p. 317-344.
Gautier A. (1983) : « Animal life along the prehistoric Nile : The evidence from Saggai I and Geili (Sudan) », *Origini* 12, p. 20-115.
Gautier A. (1986) : « La faune de l'occupation néolithique d'El Kadada (secteurs 12-22-32) au Soudan central », *Archéologie du Nil Moyen* 1, Lille, p. 59-111.
Gautier A. (1988) : « L'animal vu par l'homme : relation alimentaire et sujétion », *in* : Crédit Communal et la Société Royale Protectrice des Animaux Veeweyde (éd.), *Des animaux et des hommes. Témoignages de la Préhistoire et de l'Antiquité*, exposition du 22 avril au 26 juin 1988, Bruxelles, p. 13-55.
Gautier A. (1988a) : « L'exploitation saisonnière des ressources animales pendant le paléolithique supérieur dans la vallée du Nil égyptien », *in* : Bodson L (éd.), *L'animal dans l'alimentation humaine. Les critères de choix*, Actes du colloque international de Liège, 26 mars-29 novembre 1986, *Anthropozoologica spécial* 2, Paris, p. 23-26.
Gautier A. (1989) : « A general review of the known prehistoric faunas of the central Sudanese Nile Valley », *in* : Krzyzaniak L. et Kobusiewicz M. (éd.), *Late prehistory of the Nile basin and the Sahara*, Poznan, p. 353-357.
Gautier A. (1990) : *La domestication. Et l'homme créa l'animal...*, Paris.
Gransard-Desmond J.-O. (2002) : « Histoire du chien : les origines » , *CCdE* 3/4, p. 51-74.
St. Gsell (1920) : *Histoire ancienne de l'Afrique du Nord*, vol. 1, Paris.
Habachi L. (1939) : « A First Dynasty Cemetery at Abydos », *ASAE* 39, Le Caire, p. 767-774.
Harris J. R. (1960) : « A New Fragment of the Battlefield Palette », *JEA* 46, Londres, p. 104-105.
Heiremans R. (1988) : « Introduction », *in* : Crédit Communal et la Société Royale Protectrice des Animaux Veeweyde (éd.), *Des animaux et des hommes. Témoignages de la Préhistoire et de l'Antiquité*, exposition du 22 avril au 26 juin 1988, Bruxelles, p. 10-11.
Hellström P. (1970) : *The Rock Drawings, Scandinavian Joint Expedition to Sudanese Nubia* 1, 2 vol., Scandinavian University Books, Copenhague.
Hendrickx S. (1992) : « Une scène de chasse dans le désert sur le vase prédynastique de Bruxelles M.R.A.H.E. 2631 », *CdE* 133, Bruxelles, p. 5-27.
Hendrickx S. (1994) : *Antiquités préhistoriques et protodynastiques d'Égypte*, Guide du département égyptien 8, trad. Rinsveld B. van, Bruxelles.
Hendrickx S. (1995) : *Analytical Bibliography of the Prehistoric and the Early Dynastic Period of Egypt and Northern Sudan*, Egyptian Prehistoric Monographs, Louvain.
Hendrickx S. (1996) : « The Relative Chronology of the Naqada Culture. Problems and Possibilities », *in* : Spencer A. J. (éd.), *Aspects of Early Egypt*, Londres, p. 36-69.
Herre W. et Röhrs M. (1973) : *Haustiere-zoologisch gesehen*, Gustav Fischer Verlag, Stuttgart.
Heuillet H. (1934) : *Tous les chiens, races et standards*, Douladoure, Toulouse.
Heuzey L. (1890) : « Tribu asiatique en expédition (Musée du Louvre) », *Revue Archéologique 3ᵉ série* 15, Paris, p. 145-152.
Heuzey L. (1892) : « Un prototype des taureaux de Tyrinthe et d'Amydées », *Bulletin de Correspondance Hellénique* 16, Paris, p. 307-319.
Heuzey L. (1899) : « Égypte ou Chaldée », *Académie des Inscriptions et Belles-Lettres 4ᵉ série* 27, Paris, p. 60-67.
Hilzheimer M. (1908) : Beitrag zur Kenntnis der nordafrikanischen Schakale nebst Bemerkungen über deren Verhältnis zu den Hauhunden unsbesondere nordafrikanischen und altägyptischen

Hunderassen, Zoologica 53, Stuttgart.
Hilzheimer M. (1932) : « Dogs », *Antiquity* 6, Newberry, p. 411-419.
Hoffman M. A. (1982) : *The Predynastic of Hierakonpolis : An interim report*, Egyptian Studies Association Publication 1, Oxford.
Hornung E. (1986) : *Les Dieux de l'Égypte, le Un et le Multiple*, trad. de l'anglais par P. Couturiau, Éditions du Rocher, Monaco.
Houlihan P. F. (1996) : *The Animal World of the Pharaohs*, Londres.
Houtart A. (1934) : « Les chiens dans l'Égypte ancienne », *CdE* 9/17, Bruxelles, p. 28-34.
Janssen R. et J. (1989) : *Egyptian Household Animals*, Shire Egyptology 12, Aylesbury.
JARCE : Journal of the American Research Center in Egypt, New York.
JEA : Journal of Egyptian Archaeology, Egypt Exploration Society, Londres.
JNES : Journal of Near Eastern Studies, Department of Near Eastern language and civilisation, University of Chicago, Chicago, Illinois.
Kaiser W. (1957) : « Zur inneren Chronologie der Naqadakultur », *ArchGeo* 6, Hambourg, p. 69-77.
Kaiser W. (1967) : *Ägyptisches Museum Berlin*, Berlin.
Kaiser W (1987) : « Zum Friedhof der Naqadakultur von Minshat Abu Omar », *ASAE* 71, p. 119-125.
Kaiser W (1990) : « Zur Entstehung des gesamtägyptischen Staates », *MDAIK* 46, p. 287-299.
Kantor H. J. (1948) : « Oriental Institute Museum notes : A predynastic ostrich egg with incised decoration », *JNES* 7, Chicago, p. 43-51.
Kantor H. J. (1953) : « Prehistoric Egyptian Pottery in the Art Museum », *Records of the Art Museum Princeton University* 12, Princeton, p. 67-83.
Keller O. (1905) : « Hunderassen im Altertum », *Jahreshefte des Österreichischen Archäologischen Institutes* 8, p. 242-269.
Krzyzaniak L. (1983) : « Les débuts de la domestication des plantes et des animaux dans les pays du Nil », *BSFE* 96, Paris, p. 4-13.
Lawrence B. (1956) : « Cave Fauna », *in* : H. Field (éd.), *Anthropological Reconnaissance in the Near East 1950*, Peabody Museum Press 48, fasc. 2, p. 80-81.
Leclant J. et Huard P. (1980) : *La culture des chasseurs du Nil et du Sahara*, MCRAPE 29, 2 vol., Alger.
Legge F. (1906) : « A new carved slate (fragmentary) », *Proceedings of the Society of Biblical Archaeology* 28, Londres, p. 87.
Lignereux Y. et Carrère I. (1994) : « La domestication du chien », *in* : Société Francophone de Cynotechnie (éd.), *Histoire et évolution du chien*, séminaire des 25 et 26 mars 1994, Toulouse, p. 1-29.
Lortet L. C. et Gaillard Cl. (1909) : « Canidés », *in* : Lortet L. C. et Gaillard Cl. (éd.), *La faune momifiée de l'ancienne Égypte et recherches anthropologiques : IIIème série, Archives du Museum d'Histoire Naturelle de Lyon* 10, Lyon.
Manwell Cl. et Baker C. M. Ann (1983) : « Origin of the Dog : from Wolf or Wild *Canis familiaris* ? », *Speculations in Science and Technology* 6, fasc. 3, p. 213-224.
Mark S. (1997) : *From Egypt to Mesopotamia : a Study of Predynastic Trade Routes*, Studies in Nautical Archaeology 4, Londres.
Mayr E. et Ashlock P. D. (1991) : *Principles of Systematic Zoology*, 2ème éd., New York.
McHugh W. (1990) : « Implications of Decorated Predynastic Terracotta Model for Saharan Neolithic Influence in the Nile Valley », *JNES* 49, Chicago, p. 265-280.
Meeks D. (1998) : *Année lexicographique. Égypte ancienne*, 3 vol., Cybèle, Paris.
MCRAPE : Mémoire du Centre de Recherches Anthropologiques, Préhistoriques et Ethnographiques, Alger.
Menu B. (1996) : « Enseignes et porte-étendards », *BIFAO* 96, Le Caire, p. 339-342.
Menu B. (1998) : « Naissance du pouvoir pharaonique », *Égypte, Afrique et Orient* 8, Avignon, p. 13-30.
Meyer E. (1904) : « Die Entwickelung der Kulte von Abydos und die sogenannten Schakalsgötter », *ZÄS* 41, Berlin-Leipzig, p. 97-107.
Midant-Reynes B. (1987) : « Contribution à l'étude de la société prédynastique : le cas du couteau 'Riple-Flake' », *SAK* 14, Hambourg, p. 185-224.
Midant-Reynes B. (1992) : *Préhistoire de l'Égypte. Des premiers hommes aux premiers pharaons*, Paris.

Midant-Reynes B. *et al.* (1998) : Midant-Reynes B., Bavay L., Buchez N. et Baduel N., « Le site prédynastique d'Adaïma. Le secteur d'habitat. Rapport de la neuvième campagne de fouille », *BIFAO* 98, Le Caire, p. 263-290.
Midant-Reynes B. et Buchez N. (2002) : *Adaïma 1. Economie et habitat*, *FIFAO* 45.
Möller G. et Scharff A. (1926) : *Die Archaeologische Ergbnisse des Vorgeschichtlichen Gräberfeldes von Abusir el-Meleq*, *WDOG* 49, Leipzig.
MonPiot : Monuments et Mémoires, Académie des Inscriptions et Belles-Lettres, fond. Piot, Paris.
Morgan H. de (1909) : « L'Égypte primitive (suite) », *Revue de l'École d'Anthropologie de Paris* 19, Paris, p. 263-281.
Morgan J. de (1896) : *Recherche sur les origines de l'Égypte. T. I. L'âge de la pierre, des métaux*, Paris.
Morgan J. de (1897) : *Recherche sur les origines de l'Égypte. T. II : Ethnologie préhistorique et tombeau royal de Negadah*, Paris.
Morris D. (1962) : *The biology of art. A study of the picture-making behaviour of the great apes and its relationship to human art*, New York.
Mounier-Leclercq E. (1935) : « Deux palettes prédynastiques », *BMRAH* 3ème série 6, Bruxelles, p. 134-138.
Müller H. W. (1959) : « Ein neues Fragment einer reliefgeschmückten Schminkpalette aus Abydos », *ZÄS* 84, Berlin-Leipzig, p. 68-70.
MÄS : Müncher Ägyptologische Studien, Berlin.
Musée de Zürich (1961) : *5000 Jahre Ägyptische Kunst*, Zürich.
Muzzolini A. (1991) : « Masques et théromorphes dans l'art rupestre du Sahara Central », *Archéo-Nil* 1, Paris, p. 17-42.
Naville E. (1898) : *The Temple of Deir el Bahari. Part III*, Londres.
Needler W. (1984) : *Predynastic and Archaic Egypt in the Brooklyn Museum*, *Wilbour Monographs* 9, Brooklyn et New York, .
NARCE : Newsletter of the American Research Center in Egypt, Princeton.
Nobis G. (1979) : « Der älteste Haushund lebte vor 14000 Jahren », *Umshau* 19, p. 610.
Olsen S. J. et Olsen J. W. (1977) : «The Chinese Wolf, Ancestor of New World Dogs », *Science* 197, p. 533-535.
Ortega J. (1984) : « Analyse comparée du comportement du chien et du loup », *in* : Société Francophone de Cynotechnie (éd.), *Histoire et évolution du chien*, séminaire des 25 et 26 mars 1984, Toulouse, p. 1-21.
Osborn D. J. et Helmy I. (1980) : *The Contemporary Land Mammals of Egypt (Including Sinai)*, *Fieldiana zoology new series* 5, Chicago.
Osborn D. J. et Osbornova J. (1998) : *The Mammals of Ancient Egypt*, Warminster.
Otte M. (1996) : *Le paléolithique inférieur et moyen en Europe*, Paris.
OJA : Oxford Journal of Archaeology, Oxford.
Paribeni R. (1940) : « Scavi nella necropoli di El Hammamiye », *Aegyptus* 20/4, p. 277-293.
Pâris J. (1907) : « Un document sur l'emploi de la flûte comme engin de chasse à l'époque thinite », *RevEg* 12, fasc. 1, Paris, p. 1-4.
Payne J. C. (2000) : *Catalogue of the Predynastic Egyptian Collection in the Ashmolean Museum*, Oxford.
Peet T. E. (1914) : *The Cemeteries of Abydos. Part II. 1911-1912*, *EEF* 34, Londres.
Petrie W. M. Fl. (1901) : *The royal tombs of the earliest dynasties. Part II*, *EEF* 21/1, Londres.
Petrie W. M. Fl. (1914) : *Tarkhan II*, *BSAE* 26, Londres.
Petrie W. M. Fl. (1920) : *Prehistoric Egypt*, *ERA* 31, Londres.
Petrie W. M. Fl. (1953) : *Ceremonial slate palettes, corpus of proto-dynastic pottery*, *BSAE* 66, Londres.
Petrie W. M. Fl. et Mace A. C. (1901) : *Diospolis Parva. The Cemeteries of Abadiyeh and Hu (1898-1899)*, *EEF* 20, Londres.
Petrie W. M. Fl. et Quibell J. E. (1896) : *Naqada and Ballas, 1895*, *BSAE* 1, fasc. 1, Londres.
Petrie W. M. Fl. *et al.* (1912) : Petrie W. M. Fl., Wainwright G. A. et Mackay E., *The Labyrinth, Gerzeh and Mazguneh*, *BSAE* 21, Londres.
Piankoff A. (1949) : « Les deux papyrus 'mythologiques' de Her-Ouben au Musée du Caire », *ASAE* 49, Le Caire, p. 129-144.

Pierini G. (1990) : « La civilisation de Nagada », *in* : Exposition du Musée de Marseille, *l'Égypte des millénaires obscurs*, Paris, p. 49-73.
Przezdziecki X. (1984) : *Le destin des lévriers*, Cagnes-sur-mer, Edica.
Quibell J. E. (1898) : « Slate palette from Hierakonpolis », *ZÄS* 36, Berlin-Leipzig, p. 81-84.
Quibell J. E. (1900) : *Hierakonpolis : Plates of Discoveries in 1898*, BSAE 4, Londres.
Quibell J. E. (1901) : « Flint Dagger from Gebelein », *ASAE* 1, fasc. 2, Le Caire, p. 131-132.
Quibell J. E. (1905) : *Catalogue Général des Antiquités Égyptiennes n°11001-12000 et 14001-14754. Archaic objects*, 2 vol., Le Caire.
Quibell J. E. et Green F. W. (1902) : *Hierakonpolis, part II*, BSAE 5, Londres.
Redford S. et D. B. (1989) : « Graffiti and petroglyphs old and new from the Eastern Desert », *JARCE* 26, New York, p. 3-49.
Reed C. A. et Turnbull P. F. (1969) : « Late Pleistocene Mammals from Nubia » *in* : Zinderen Bakker E. M. van (éd.), *Palaeoecology of Africa and the Surrrounding Islands and Antarctica. Vol. IV, covering the Years 1966-1968*, Cape Town.
Reisner G.-A. (1908) : *The Archaeological Survey of Nubia. Bulletin* n°2, Le Caire.
Reisner G.-A. (1910) : *The Archaeological Survey of Nubia. Report of 1907-1908*, vol. 1, Le Caire.
Reisner G.-A. (1936) : *The Development of the Egyptian Tomb, down to the accession of Cheops*, Cambridge.
RdE : Revue d'Égyptologie, Paris.
RevEg : Revue de l'Égypte ancienne, Paris.
RevLouvre : La Revue du Louvre et des musées de France, Paris.
Rhotert H. (1952) : *Libysche Felsbilder*, Darmstadt.
Ridley R. T. (1973) : *The unification of Egypt*, Deception Bay.
Rizkana I. et Seeher J. (1990) : *Maadi IV : The Predynastic Cemeteries of Maadi and Wadi Digla*, AV 81, Berlin.
Robins G. (1997) : *The Art of Ancient Egypt*, Londres.
Saad Y. Z. (1947) : *Royal excavations at Saqqara and Helwan*, CASAE 3, Le Caire.
Säve-Söderbergh T. (1953) : *On Egyptian Representation of Hippopotamus Hunting as a Religious Motive*, Uppsala.
Scharff A. (1926) : « Vorgeschichtliches zur Libyerfrage », *ZÄS* 61, Berlin-Leipzig, p. 16-30.
Scharff A. (1928) : « Some Prehistoric Vases in the British Museum and Remarks on Egyptian Prehistory », *JEA* 15, Londres, p. 261-276.
Scharff A. (1929) : *Die Altertumer der vor- und Frühzeit Ägyptens, Mitteilungen aus der Ägyptischen Sammlung* 5, Berlin.
Schebesta P. (1940) : *Les Pygmées*, Paris.
Schenkel R. (1967) : « Submission : its Features and Functions in the Wolf and Dog », *American Zoologist* 7, p. 391-331.
Schotte S. (1950) : *Hieroglyphen.Untersuchungen zum Ursprung der Schrift, Abhandlungen der Geistes- und Sozialwissenschaftenlichen Klasse* 24, Wiesbaden.
Schweitzer U. (1948) : *Löwe und Sphinx im Alten Ägypten, Ägyptologische Forschungen* 15, Hambourg.
Scott J. P. (1967) : « The Evolution of Social Behaviour in Dogs and Wolves », *American Zoologist* 7, fasc. 2, p. 373-381.
Seeher J. (1992) : « Burial Customs in Predynastic Egypt : A View from the Delta », *in* : Brink E. C. M. van den (éd.), *The Nile Delta in Transition : 4th-3nd Millennium BC*, Tell Aviv, p. 225-233.
Service des Antiquités (1939) : « Saqqarah-Nord. Fouilles du Service des Antiquités », *CdE* 27, Bruxelles, p. 79-80.
Sigaut F. (1983) : « Un tableau des produits animaux et deux hypothèses qui en découlent », *Nouvelles de l'Archéologie* 11, p. 45-50.
Störk L. (1986) : « Wolf », Lexicon der Ägyptologie VI, fasc. 9, col. 1285, Wiesbaden.
SAK : Studien zur Altägyptischen Kultur, Hambourg.
Stuiver M. A. et Reimer P. J. (1993) : « Extended 14C Database and Revised CALIB 3.0 14C Age Calibration Program », *Radiocarbon* 35/1, p. 215-230.
Tefnin R. (1979) : « Image et histoire. Réflexions sur l'usage documentaire de l'image égyptienne », *CdE* 54, Bruxelles, p. 218-244.

Tefnin R. (1993) : « L'image et son cadre », *Archéo-nil* 3, Paris, p. 7-22.
Turaïev V. (1912) : *Nomenclature des pièces et des objets dans le musée d'antiquités égyptiennes Alexandre III à Moscou*, Moscou.
Vandier J. (1952) : *Manuel d'archéologie égyptienne. T. I : Les époques de formation. La préhistoire*, Paris.
Vandier-d'Abbadie J. (1960) : « Deux sujets originaux sur *ostraca* figurés », *RdE* 12, p. 83-88.
Velde H. Te (1967) : *Seth, God of Confusion. A Study of his Role in Egyptian Mythology and Religion*, E. J. Brill, Leyde.
Velde H. Te (1986) : « Egyptian Hieroglyphs as Signs, Symbols and Gods », *Visible Religion* IV-V, p. 63-72.
Vilà C. *et al.* (13 juin 1997) : Vilà C., Savolainen P., Maldonado J. E., Amorin I. R., Rice J. E., Honeucutt R. L., Crandall K. A., Lundeberg J. et Wayne R. K., « Multiple and Ancient Origins of the Domestic Dog », *Science* 276, n° 5319, p. 1687-1689.
Watrin L. (2000) : « Pottery as an Economical Parameter between Palestine and Egypt during the Fourth Millennium B. C. : From the Palestinian Presence in the Nile Delta (c. 3900-3300 BC) to the Egyptian Rule of Southern Palestine (c. 3300-3000 BC) », *in* : Matthiae P., Enea A., Peyronel L. et Pinnock F. (éd.), *Proceedings of the First International Congress on the Archaeology of the Near East, Rome, May 18th-23rd 1998*, Rome, p. 1751-1776.
Watrin L. (2003) : « Les origines de la monarchie thinite : le roi Scorpion, la Dynastie « zéro » et l'énigme du royaume du Nord », *Bulletin du GREPAL* 1, Paris, p. 20-29.
Watrin L. (à paraître sept. 2004) : « Faux ivoires et fausses palettes prédynastiques conservées dans les collections européennes et américaines », *Bulletin du GREPAL* 2, Paris.
Watrin L. (à paraître, b) : « From intellectual acquisitions to political change : Egypt-Mesopotamia Interaction in Fourth Millennium BC ».
Weill R. (1961) : *Recherches sur la Ière dynastie et les temps pré-pharaoniques*, BdE 38, 2 vol., Le Caire.
Wenke R. J. *et al.* (1983) : Wenke R. J., Buck P., Hanley J. R., Lane M. E., Long J. et Redding R. R., « The Fayyum Archaeological Project : Preliminary Report of the 1981 Seasons », *NARCE* 122, p. 25-40.
Whitehouse H. (1987) : *King Den in Oxford*, OJA 6.
Wild H. (1948) : « Choix d'objets pré-pharaoniques appartenant à des collections de Suisse », *BIFAO* 47, Le Caire, p. 1-58.
Wilkinson J. G. (1878) : *The Manners and Customs of the Ancient Egypt,* 3 vol., Londres.
Winkler H. A. (1938) : *Rock Drawings of Southern Upper Egypt I*, ASE 26, Londres.
Winkler H. A. (1939) : *Rock Drawings of Southern Upper Egypt II*, ASE 27, Londres.
WDOG : Wissenschaftliche Veröffentlichungen der Deutschen Orient-Gesellschaft, Berlin, Leipzig.
Yoyotte J. (1959) : « Origines », *in* : G. Posener, S. Sauneron, J. Yoyotte (éd.), *Dictionnaire de civilisation égyptienne*, Paris, p. 201-204.
ZÄS : Zeitschrift für Ägyptische Sprache und Altertumskunde, Berlin, Leipzig.
Zeuner F. E. (1963) : *A History of Domesticated Animals*, Londres.

INDEX

A

Afrique 3, 9, 12, 13, 16, 17, 18, 27, 32
Alimentation 47, 62
Allaitement 12, 13, 35, 52–53
Allemagne 9, 10
Amérique 7, 10, 16, 27, 50
Amulette 33–34, 44, 45, 48
  en hématite, prov. n. c., fouilles Petrie (39) 45, 48, 75
  Mostagedda (38, fig. 25) 33, 48, 75
  prov. n. c., fouilles Petrie (40) 33, 75
Anthropique 2, 9, 12, 18, 20, 26, 47, 68
Anubeion 61
Anubis iv, 39, 40, 43, 44, 48, 56, 59, 59–60, 61
Apprivoiser, apprivoisement 10, 13, 32, 50, 68
Archéologie v, 1, 65, 66, 68
Archéozoologie 14, 27–30, 42, 46–47, 68
Art pour art 40–43
Asie 2, 16, 18, 64
Australie 7, 12, 13, 32

B

Bir Kiseiba 17
Bir Terfawi (84, tabl. 3) 47, 77
Boxgrove (Kent) 9

C

Canidae iv, 1, 3, 6
Casse-tête de Gebelein (16, fig. 12) 21, 23, 74
Çatal Hüyük 32

Chacal (*Canis aureus*, fig. 2.c, tabl. 2-3) iv, 2, 5, 6, 7–8, 9, 10, 12, 16, 17, 19, 27, 33, 42, 43, 44, 45, 47, 54–55, 58, 59, 61
  voir aussi *Sous-espèce*
Chasse, chasseur 12, 13, 14, 31–32, 34, 38, 47, 49, 51, 62, 63
Chedched 37, 58
Chien (*Canis familiaris*, fig. 2.a-b, tabl. 2-3) iv, v, 16–39, 40, 42, 43, 44, 45, 46, 47, 48, 49, 51, 53, 54, 55, 64, 65, 68
  marron, dit aussi chien sauvage (*Canis ferus*) 7, 8, 9, 46
Chienne (*Canis familiaris*, fig. 39-40) 2, 35, 37, 52, 53, 65
Chine 32
Chiot 13, 53, 63
Collier 19, 21, 32, 38, 53, 54
Congo 9
Coupe
  2076 du Caire (52) 23, 76
  N2947 de Moscou (53, fig. 8) 17, 19
  Naqada (49, fig. 9) 21, 23, 31, 76
Coyote (Canis latrans) 1, 3, 9
Crâne (fig. 6) 5, 9, 11, 27, 29, 36
Cuiller
  Ballas (8) 34, 35, 73
  manche (?), Gebelein (7) 22, 73
Culte 33, 56, 58, 60, 65
Cynophagie 28, 68
Cynopolis iv

INDEX

D

Découpe (traces de) 28, 29, 36
Deir el Bahari 19
Delta 17, 18
Dépotoir 27–28, 29
Dhole (*Cuon alpinus*) 3
Diffusion 10, 16–18
Disque d'Hemaka (64) 22, 76
Divinité iv, 30, 33, 34, 37, 39, 40, 48, 54, 55, 56–62, 63, 65
Domestication 7, 10–12, 11, 14, 16, 17, 20, 32, 37, 44, 54, 62, 63, 64
  du loup (*Canis lupus*, fig. 5-6) 8–9
Domestique (le monde du) iv, 33, 34, 47, 51–55, 62, 65

E

Élément quadrangulaire 37, 58, 60
Enseigne 57, 58, 60, 63
Entité canidæ 28, 54, 61, 65
Épingle à cheveux (62, fig. 33) 45, 76
Espèce (fig. 1) iv, 3, 8, 9, 54, 56, 59–62, 68
Es Shaheinab (89, tabl. 3) 10, 17, 47, 77
Étendards 58, 60
Éthiopie 8
Éthologie 3, 9, 11, 13, 68, 69
Europe 9, 16, 17, 18

F

Famille (fig. 1) iv, v, 1, 3, 6, 13, 20, 22, 32, 40, 42, 45, 56, 64, 65, 68
Fayoum, Kom W (72, tabl. 3) 47, 77
Félins 32, 55
Femelle, femellité 39, 53, 65, 68
Fennec (*Vulpes zerda*, fig. 3.c, tabl. 3) 5, 13, 40, 42, 44, 48, 54
Fusion 48, 48–51
  complète 50, 51
  partielle 50, 51
  semi-complète 50, 51

G

Ganse 21
Gardiennage (pasteur) 31–32, 38, 62
Genre (fig. 1) 1–2, 3, 38, 56, 59–62, 68
Gravure rupestre 17, 19, 26, 32, 49
  Abou Ballas (3) 22, 73
  Karkur Tahl (5) 23, 73
  Nag Kolorodna (4) 22, 73
  Ouadi Abou Subeira (6, fig. 13) 22, 31, 73
  Ouadi Abou Wasil (2) 24, 26, 32, 38, 73
  Qasr el-Banat (1) 24, 32, 38, 73
Griffes 3, 6, 13, 35, 49
Guerre (guerrier) 14, 30, 38, 48, 51, 60

H

Humanimal 49, 69
Hybridation 9
Hyène, hyénidés (fig. 10-11, tabl. 3) v, 6–7, 12, 21, 22, 27, 45–46, 47
  rayée (*Hyæna Hyæna*, fig. 4.b, tabl. 2) 6
  tachetée (*Crocuta crocuta*, fig. 4.c, tabl. 2) 7

I

Iconographie v, 1, 2, 3, 11, 14, 18, 19, 20, 22, 40, 42–43, 44, 46, 48, 56, 59, 65, 69

J

Japon 8, 10
Jarre
  Abydos (57, fig. 21) 31, 32, 38, 76

K

Kadero (90, tabl. 3) 17, 47, 77
Kerma 2
Khentamentiou 33, 56, 58–59, 59, 60, 62

L

Laisse 19, 21, 31, 32, 38, 49, 54
Libye, origine libyenne 5, 17, 18
Lion (*Panthera leo*) 10, 19, 22, 34, 35, 39, 42, 51, 61, 62, 63, 65
  griffes de 34
Loup (*Canis lupus*, fig. 1, 5-6, tabl. 2) 1, 2, 3, 7–8, 8, 9, 11, 12–13, 14, 16, 17, 40, 42, 43, 49, 53, 54, 56, 59, 63, 64
  voir aussi *Sous-espèce*
  à crinière (*Chrysocyon brachyurus*) 61
  d'Abyssinie 7, 17
Lycaon (*Lycaon pictus*, fig. 4.a, 34-35, 39 , tabl. 2-3) v, 3, 6, 7, 9, 12, 13, 20, 22, 34, 35, 42–43, 44, 45–46, 47, 51–55, 59, 63, 65
  femelle (fig. 39-40) 35, 52–53
Lycopolis 40, 43, 59, 65, iv
Lynx (*Caracal caracal*) 21

M

Maadi (67, tabl. 3) 27, 77
Maître des animaux 18, 62
Manche de couteau
  Abou Zaïdan (14) 22, 23, 24, 32, 42, 44, 74
  Carnarvon (11) 25, 74
  Gebel-el-Arak (10, fig. 24) 21, 25, 32, 62, 74
  Gebel Tarif (12) 25, 74
  Hiérakonpolis (13) 45, 74
  Pitt-Rivers (15) 23, 74
Masque (fig. 36) v, 49
Mastaba
  d'Hemaka (70) 38, 47, 77

    d'Herneith (71) 38, 77
    de Mererouka 19
Mélanésie 13, 27
Ménagerie 19, 38, 47, 63
Mérimdé-Bénisalamé (65, tabl. 3) 18, 28, 43, 77
    dents de chien perforées (37) 13, 35, 47, 75
Mitochondries 13
Modèle de maison (19) 32, 74
Momies
    Abydos 19
    Assiout 19
    Thèbes 19
Monophylétique (théorie) 10, 17

N

Nabta Playa (85, tabl. 3) 17, 18, 43, 47, 77
Natte 27, 29, 38
Neith de Saïs 60
Nubie (fig. 7) 18, 28, 29, 43

O

Oberkassel (Allemagne) 9
Œuf incisé (63, fig. 16) 24, 76
Oreilles 2, 4, 5, 6, 11, 20, 21, 24, 26, 33, 36, 43, 44, 53, 54, 58, 61
    en « V » 21, 57
Otocyon (*Otocyon megalotis*) 3
Ouadi Bakht (83, tabl. 3) 18, 77
Ounech 59
Oupouaout iv, 33, 55, 56, 57, 59, 60, 61
Oupouaoutet 60

P

Palette
    aux lycaons (30, fig. 34) 6, 45, 46, 75
    aux taureaux (34, fig. 29) 34, 36, 51, 57, 60, 75
    Beit Allam (20) 20, 74
    D1167 de Genève (25, fig. 26) 34, 37, 74
    de Harkness (27, fig. 35) 35, 48, 53, 74
    de la chasse (26) 44, 47, 50, 74
    de la collection Barbier-Mueller (fig. 19) 26
    de Mac Gregor, fragment (29) 46, 75
    de Michailidis, fragment (31) 46, 75
    de Narmer (35) 34, 36, 42, 47, 54, 57, 75
    E6834 de Bruxelles (21) 23, 74
    El Ahaiwah (24, fig. 32) 44, 74, 75
    EM6000 de Stockholm (22, fig. 10) 21, 74
    Hiérakonpolis (32) 3, 32, 35, 45, 46, 48, 52, 58, 75
    Köfler-Truniger, fragment (23, fig. 38) 44, 45, 51, 74
    Minshat Ezzât (33, fig. 15) 23, 75
    Munagat (28, fig. 39) 35, 36, 46, 52, 75
Papyrus Her-Ouben 61
Pavois 37, 57, 58, 60
Peinture de Hiérakonpolis (36) 24, 75
Péninsule Arabique 17, 18

Pharaon 19, 51, 58, 60, 63, 65
    voir aussi *Roi*
Philologie iv, 7, 61, 69
Postiche 47, 50
Proche-Orient 16, 17, 18, 36, 64

Q

Qafzeh (Israël) 36
Queue 2, 4, 5, 7, 11, 14, 18, 20, 21, 24, 26, 31, 33, 37, 43, 44, 48, 51, 53, 54, 57, 58, 61

R

Race 1, 2, 3, 7, 8, 8–15, 22, 56, 57, 59, 61, 63, 69
    azawakh 24
    basenji 9, 11, 22, 23, 24, 57
    caniches de Kiel 12
    chien chanteur de Nouvelle-Guinée (*Canis ferus hallstromi*) 9
    chien de Caroline 9
    dingo (*Canis ferus dingo*) 9, 12
    greyhound (fig. 2.a) 4, 24
    lévrier d'Afrique 4
    pariah d'Inde 4, 9
    saluki (fig. 2.b) 4, 22, 24
Religion 35, 36, 48, 65
Renard (fig. 25, 32, 37-38, tabl. 3) 1, 2, 8, 33, 42, 43, 44, 45, 46, 48, 50, 51, 54, 59, 61, 62, 63, 65, 72
    du désert (*Vulpes rueppelli*, fig. 3.b, tabl. 2) 5
    fauve (*Vulpes vulpes*, fig. 3.a, tabl. 2) 5, 13
    voir aussi *Sous-espèce*
Rite 20, 65
    de fondation 27, 28, 29
Roi 37, 58, 60, 63, 65
    voir aussi *Pharaon*

S

Sacrifice 13, 35, 36
Saggai (91, tabl. 3) 47, 77
Sahaba (Ouadi Halfa) 38
Sahara 17
Sauvage 10, 19, 39, 47, 62, 68
    le monde du iv, v, 9, 12, 30, 33, 34, 35, 47, 48–55, 62, 63, 65
Scapula 28, 35
Sceptre de Hiérakonpolis (41) 25, 34, 53, 75
Sélection 10, 12, 13, 14
    anthropique 12
    déterminée 12
    inconsciente 12
    naturelle 12
Senet (jeu de) 34, 39
Sépulture 27
    Abadiya (78, tabl. 3) 35, 77
    Abydos (77, tabl. 3) 29, 77
    Adaïma (81, tabl. 3) 29, 39, 41, 47, 77

INDEX

Badari (75, tabl. 3) 27, 28, 77
de Houy 19
El Kadâda, dépôt de crâne 27, 29–30
El Kadâda (88, tabl. 3) 29, 35, 47, 77
Hammamiya (76, tabl. 3) 29, 77
Harageh (73, tabl. 3) 28, 77
Héliopolis (66, tabl. 3) 28, 77
Hélouan (69, fig. 20) 28, 77
Hiérakonpolis (82, tabl. 3) 29, 77
Khor Bahan (86, tabl. 3) 35, 77
Matmar (74, tabl. 3) 38, 77
Naqada, cimetière principal (79) 35, 77
Naqada, petit cimetière T (80, tabl. 3) 29, 77
Ouadi Digla (68, tabl. 3) 28, 36, 77
Ouadi Qamar (87, tabl. 3) 3, 19, 38, 77
Serpent (fig. 14) 23, 25, 35, 37, 61
Serpopards 42, 54
Seth (fig. 42-43) 9, 37, 56–57, 58, 59
Sibérie 10
Skhul (Israël) 36
Sothis (fig. 30-31) 37–38, 54
Soudan 17, 18, 28
Sous-espèce (fig. 1) 2, 9, 16, 17, 69
   chacal à chabraque (*Canis mesomelas*) 61
   loup indien (*Canis lupus pallipes*, fig. 1) 16, 64
   renard argenté de Novosibirsk 11
   renard égyptien (*Vulpes niloticus*) 60
Statuette
   Abousir El-Mélek, groupe (43, fig. 18) 25, 37, 39, 75
   Abydos (44) 26, 39, 75
   E27203 du Louvre (46, fig. 30) 35, 38, 54, 75
   Hiérakonpolis (45, fig. 17) 25, 53, 75
   Naqada, groupe (47) 39, 76
   Naqada, silex (42) 24, 75
Stèle
   d'Antef 17

de Boston 51
de Nb (48) 39, 76
Strabon 49
Suse 18
Systématique (unité, fig. 1) 1

T

Taureau 34, 42, 51, 63, 65
Tête de massue
   du roi « Scorpion » (17, fig. 42) 36, 57, 60, 74
   du roi Narmer (18) 36, 57, 74
Type 2, 8, 16, 18, 19, 20, 22, 24, 64, 68, 69
   de forme de croissance 38, 68
   lévrier 2, 3, 14, 18, 20, 22, 38, 57, 59, 60, 64, 68
   mastiff 4, 22, 25–26, 53, 59
   pariah 4, 9, 23, 24, 26, 59

U

Um Direiwa 43

V

Vase
   Abadiya (55) 22, 76
   Abydos (61, fig. 43) 37, 76
   Diospolis Parva (50, fig. 41) 21, 22, 53, 76
   E2631 Bruxelles (54, fig. 23) 20, 31, 32, 38, 53, 76
   E27202 du Louvre (60) 21, 23, 76
   Hammamiya (59) 18, 25, 26, 32, 51, 76
   Khozam (58) 23, 31, 76
   n. c. de l'University College (51) 34, 44, 76
   prov. n. c., fouilles Petrie (56) 26, 76

Z

Zoologie iv, v, 1, 20, 65, 69

www.ingramcontent.com/pod-product-compliance
Lightning Source LLC
Chambersburg PA
CBHW061545010526
44113CB00023B/2811